京华通览

长城文化带

主编／段柄仁

北京长城概览

王岩／编著

北京出版集团公司
北京出版社

图书在版编目（CIP）数据

北京长城概览 / 王岩编著． — 北京：北京出版社，2018.3
（京华通览）
ISBN 978-7-200-13436-0

Ⅰ．①北… Ⅱ．①王… Ⅲ．①长城—介绍—北京 Ⅳ．①K928.77

中国版本图书馆CIP数据核字（2017）第266529号
审图号 京S（2013）034号

出 版 人　曲　仲
策　　划　安　东　于　虹
项目统筹　孙　菁　董拯民
责任编辑　白　珍
封面设计　田　晗
版式设计　云伊若水
责任印制　燕雨萌

《京华通览》丛书在出版过程中，使用了部分出版物及网站的图片资料，在此谨向有关资料的提供者致以衷心的感谢。因部分图片的作者难以联系，敬请本丛书所用图片的版权所有者与北京出版集团公司联系。

北京长城概览
BEIJING CHANGCHENG GAILAN

王岩　编著

*

北京出版集团公司
北 京 出 版 社　出版
（北京北三环中路6号）
邮政编码：100120

网　　址：www.bph.com.cn
北京出版集团公司总发行
新 华 书 店 经 销
天津画中画印刷有限公司印刷

*

880毫米×1230毫米　32开本　5.25印张　109千字
2018年3月第1版　2022年11月第3次印刷
ISBN 978-7-200-13436-0
定价：45.00元

如有印装质量问题，由本社负责调换
质量监督电话：010-58572393

《京华通览》编纂委员会

主　任　段柄仁
副主任　陈　玲　曲　仲
成　员　（按姓氏笔画排序）
　　　　于　虹　王来水　安　东　运子微
　　　　杨良志　张恒彬　周　浩　侯宏兴
主　编　段柄仁
副主编　谭烈飞

《京华通览》编辑部

主　任　安　东
副主任　于　虹　董拯民
成　员　（按姓氏笔画排序）
　　　　王　岩　白　珍　孙　菁　李更鑫
　　　　潘惠楼

北京地区长城

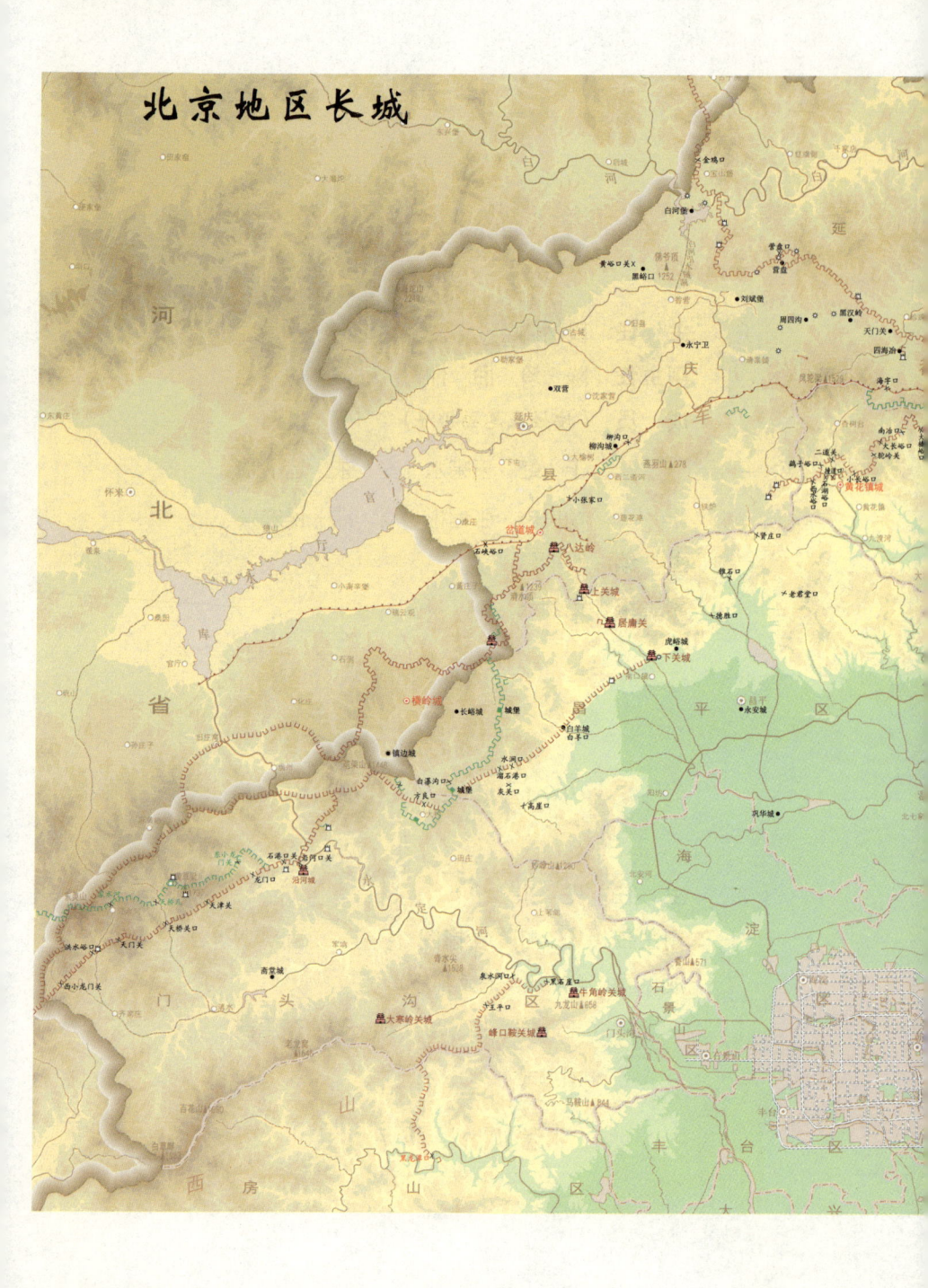

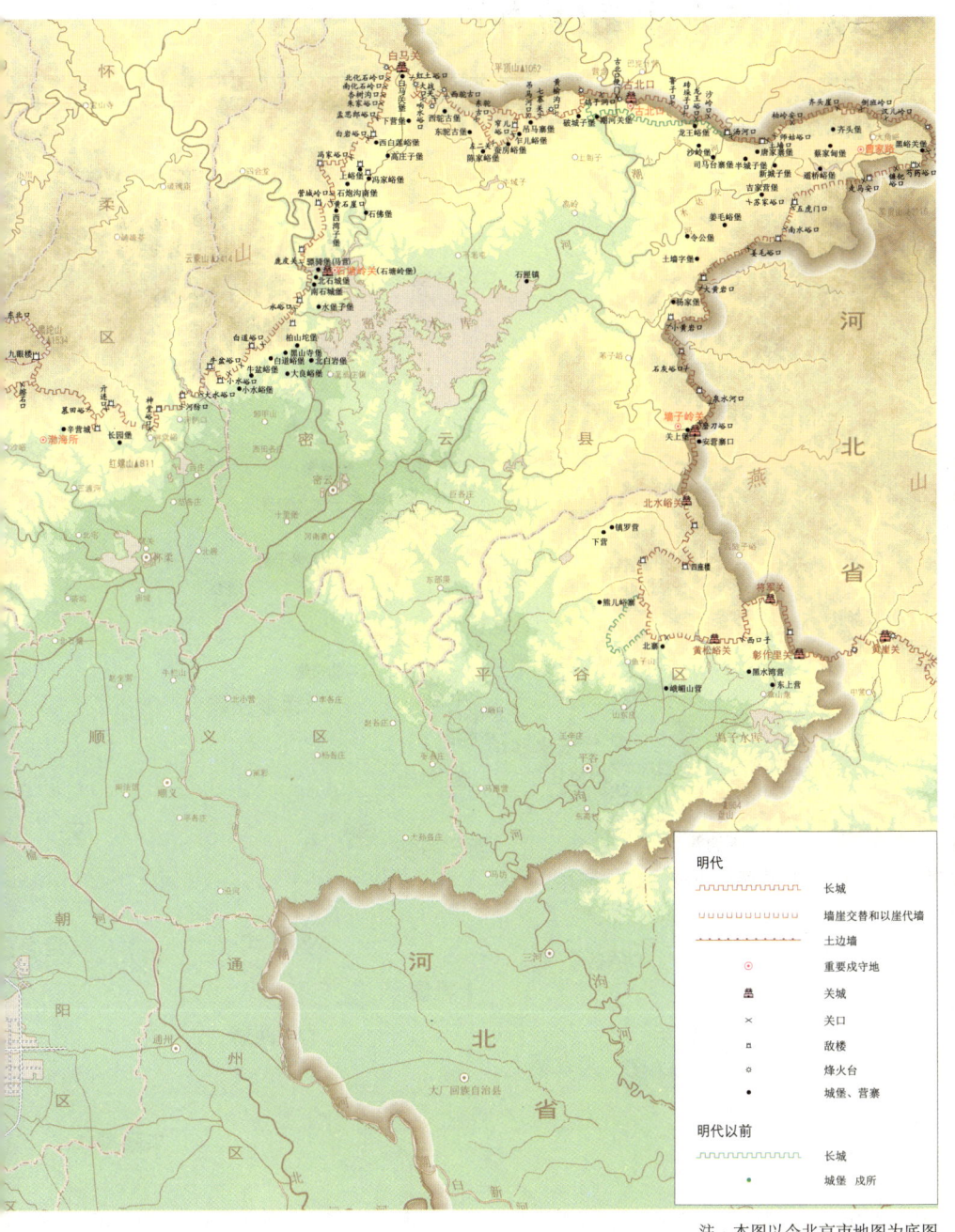

明代	
〜〜〜	长城
〜〜〜	墙崖交替和以崖代墙
───	土边墙
⊙	重要戍守地
🏯	关城
×	关口
□	敌楼
▫	烽火台
•	城堡、营寨

明代以前	
〜〜〜	长城
•	城堡 戍所

注：本图以今北京市地图为底图

北京长城示意图(局部)

地图中可见文字：

平顶山▲1052　巴克什营　砖垛子口
黄榆沟　蔺子洞　古北口　寨子洞　砖垛子口　齐头崖口　倒班岭口　灵儿岭口
帝马河　七寨关　营盘　沙岭　花王墩　柚岭安　齐头堡
古堡　破城子堡　潮河关堡　古北口路　汤河　师姑峪口　大角岭　曹家路　黑峪关堡
陈家峪口　上甸子　沙岭堡　唐家寨堡　土墙口　蔡家甸堡　镇虏台
半城子　高岭　司马台寨堡　新城子堡　遥桥峪堡　走马安口
　　　　　　潮　达木河　姜毛峪堡　吉家营堡　五虎门　雾灵山▲2116
　　　　　　河　　　　　令公堡　　　　　　南水峪口
　　　　　　　　　　　　杨家堡
　　　　　　　　　　　　　　姜毛峪口
　　　　　　　　　　大黄岩口
　　　　　　　　　　杨家堡
　　　　　　　　　　小黄岩口
　　　苇子峪
　　　　　　　石灰峪口
　　　　　　　象水河口
　　　　　　墙子路
　　　　　　　泉刀峪口
　　　　　　关上堡　安营寨口
　　　　　　　　　　　　　　河
　　　　　　　　　　　　燕　　北
　　　　　　北水峪关
　　镇罗营
　　下营　　　　　西陡子峪
　　　　　　　　　　　　　　山
　　熊儿寨营
　　　　　　　将军关　　　　省
　　　　北寨

序
PREFACE

擦亮北京"金名片"

段柄仁

　　北京是中华民族的一张"金名片"。"金"在何处？可以用四句话描述：历史悠久、山河壮美、文化璀璨、地位独特。

　　展开一点说，这个区域在70万年前就有远古人类生存聚集，是一处人类发祥之地。据考古发掘，在房山区周口店一带，出土远古居民的头盖骨，被定名为"北京人"。这个区域也是人类都市文明发育较早，影响广泛深远之地。据历史记载，早在3000年前，就形成了燕、蓟两个方国之都，之后又多次作为诸侯国都、割据势力之都；元代作为全国政治中心，修筑了雄伟壮丽、举世瞩目的元大都；明代以此为基础进行了改造重建，形成了今天北京城的大格局；清代仍以此为首都。北京作为大都会，其文明引领全国，影响世界，被国外专家称为"世界奇观""在地球表面上，人类最伟大的个体工程"。

北京人文的久远历史，生生不息的发展，与其山河壮美、宜生宜长的自然环境紧密相连。她坐落在华北大平原北缘，"左环沧海，右拥太行，南襟河济，北枕居庸""龙蟠虎踞，形势雄伟，南控江淮，北连朔漠"。是我国三大地理单元——华北大平原、东北大平原、蒙古高原的交汇之处，是南北通衢的纽带，东西连接的龙头，东北亚环渤海地区的中心。这块得天独厚的地域，不仅极具区位优势，而且环境宜人，气候温和，四季分明。在高山峻岭之下，有广阔的丘陵、缓坡和平川沃土，永定河、潮白河、拒马河、温榆河和蓟运河五大水系纵横交错，如血脉遍布大地，使其顺理成章地成为人类祖居、中华帝都、中华人民共和国首都。

这块风水宝地和久远的人文历史，催生并积聚了令人垂羡的灿烂文化。文物古迹星罗棋布，不少是人类文明的顶尖之作，已有1000余项被确定为文物保护单位。周口店遗址、明清皇宫、八达岭长城、天坛、颐和园、明清帝王陵和大运河被列入世界文化遗产名录，60余项被列为全国重点文物保护单位，220余项被列为市级文物保护单位，40片历史文化街区，加上环绕城市核心区的大运河文化带、长城文化带、西山永定河文化带和诸多的历史建筑、名镇名村、非物质文化遗产，以及数万种留存至今的历史典籍、志鉴档册、文物文化资料，《红楼梦》、"京剧"等文学艺术明珠，早已成为传承历史文明、启迪人们智慧、滋养人们心灵的瑰宝。

中华人民共和国成立后，北京发生了深刻的变化。作为国家首都的独特地位，使这座古老的城市，成为全国现代化建设的领头雁。新的《北京城市总体规划（2016年—2035年）》的制定和中共中央、国务院的批复，确定了北京是全国政治中心、文化中心、国际交往中心、科技创新中心的性质和建设国际一流的和谐宜居之都的目标，大大增加了这块"金名片"的含金量。

伴随国际局势的深刻变化，世界经济重心已逐步向亚太地区转移，而亚太地区发展最快的是东北亚的环渤海地区、这块地区的京津冀地区，而北京正是这个地区的核心，建设以北京为核心的世界级城市群，已被列入实现"两个一百年"奋斗目标、中国梦的国家战略。这就又把北京推向了中国特色社会主义新时代谱写现代化新征程壮丽篇章的引领示范地位，也预示了这块热土必将更加辉煌的前景。

北京这张"金名片"，如何精心保护，细心擦拭，全面展示其风貌，尽力挖掘其能量，使之永续发展，永放光彩并更加明亮？这是摆在北京人面前的一项历史性使命，一项应自觉承担且不可替代的职责，需要做整体性、多方面的努力。但保护、擦拭、展示、挖掘的前提是对它的全面认识，只有认识，才会珍惜，才能热爱，才可能尽心尽力、尽职尽责，创造性完成这项释能放光的事业。而解决认识问题，必须做大量的基础文化建设和知识普及工作。近些年北京市有关部门在这方面做了大量工作，先后出版了《北京史》（10卷本）、《北京百科全书》（20卷本），各类志书近900种，以及多种年鉴、专著和资料汇编，等等，为擦亮北京这张"金名片"做了可贵的基础性贡献。但是这些著述，大多是服务于专业单位、党政领导部门和教学科研人员。如何使其承载的知识进一步普及化、大众化，出版面向更大范围的群众的读物，是当前急需弥补的弱项。为此我们启动了《京华通览》系列丛书的编写，采取简约、通俗、方便阅读的方法，从有关北京历史文化的大量书籍资料中，特别是卷帙浩繁的地方志书中，精选当前广大群众需要的知识，尽可能满足北京人以及关注北京的国内外朋友进一步了解北京的历史与现状、性质与功能、特点与亮点的需求，以达到"知北京、爱北京，合力共建美好北京"的目的。

这套丛书的内容紧紧围绕北京是全国的政治、文化、国际交往和科技创新四个中心，涵盖北京的自然环境、经济、政治、文化、社会等各方面的知识，但重点是北京的深厚灿烂的文化。突出安排了"历史文化名城""西山永定河文化带""大运河文化带""长城文化带"四个系列内容。资料大部分是取自新编北京志并进行压缩、修订、补充、改编。也有从已出版的北京历史文化读物中优选改编和针对一些重要内容弥补缺失而专门组织的创作。作品的作者大多是在北京志书编纂中捉刀实干的骨干人物和在北京史志领域著述颇丰的知名专家。尹钧科、谭烈飞、吴文涛、张宝章、郗志群、马建农、王之鸿等，都有作品奉献。从这个意义上说，这套丛书中，不少作品也可称"大家小书"。

总之，擦亮北京"金名片"，就是使蕴藏于文明古都丰富多彩的优秀历史文化活起来，充满时代精神和首都特色的社会主义创新文化强起来，进一步展现其真善美，释放其精气神，提高其含金量。

2017 年 11 月

目录

CONTENTS

概　述 / 1

长城历史

明代以前长城 / 11

燕长城 / 12

秦长城 / 15

北魏长城 / 18

北齐长城 / 18

明代长城 / 24

"北京结" / 26

长城分布 / 29

九边十一镇 / 37

长城建筑　　墙　体 / 63

城　台 / 70

烽火台 / 71

敌台（敌楼）/ 73

　　平谷的敌台 / 74

　　密云的敌台 / 75

　　怀柔的敌台 / 84

　　门头沟的敌台 / 87

　　延庆的敌台 / 89

城　堡 / 92

长城关隘　　将军关 / 97

墙子路 / 99

古北口 / 101

司马台 / 103

慕田峪 / 105

黄花城 / 107

居庸关 / 110

沿河口 / 117

黑峪关 / 119

金山岭 / 120

白马关 / 121

鹿皮关 / 124

	河防口 / 124
	莲花池关 / 125
	撞道口关 / 126
	四海冶口 / 127
	八达岭 / 128
长城布防	防御系统 / 131
	兵力配备 / 132
	蓟镇的文武官职 / 134
长城战事	昌平地区历史上的战事 / 139
	延庆地区历史上的战事 / 144
	怀柔地区历史上的战事 / 145

参考书目 / 147

后　　记 / 149

概 述

长城在中国版图北纬 40 度线左右，横跨北方 9 省（直辖市、自治区），总长度为 21196.18 公里，是最雄伟的古代文化遗存。

长城始建于距今 2000 多年前的战国时期，《史记·匈奴列传》记："秦昭王时（公元前 306—前 302 年）……秦有陇西、北地、上郡，筑长城以拒胡。而赵武灵王亦变俗胡服，习骑射……筑长城，自代并阴山下，至高阙为塞。而置云中、雁门、代郡。……燕亦筑长城、自造阳至襄平。置上谷、渔阳、右北平、辽西、辽东郡以拒胡。"这一时期，燕、赵、秦三国首先在自己的北部边境修筑长城以防御东胡和匈奴。这是长城修筑的最早记录，地域涉及今天辽宁、河北、北京、山西、陕西的区域。

秦始皇统一中国（公元前 221 年）后，"乃使蒙恬将三十万众，北逐戎狄，收河南。筑长城，因地形，用制险塞，起临洮（今甘肃岷县），至辽东，延袤万余里"。（《史记·蒙恬列传》）

汉代在汉武帝元朔二年（公元前127年）和太初三年（公元前102年），在北方修筑了规模更大的长城。

从战国秦昭王至汉武帝200年间，长城不断地修筑完善，奠定了至今仍存在的长城的基本规模和走向。南北朝时期北魏、北齐、北周都继续修筑长城。最大规模的长城修筑是在明代。明朝推翻元朝，元顺帝逃至漠北，蒙古人的势力仍然强大，对明王朝构成极大威胁。明初，洪武和永乐二帝曾数次发兵，深入漠北征伐蒙古瓦剌、鞑靼，并筑长城用于防御。明中期以后，瓦剌、鞑靼再次强大，不断进攻北京，"土木堡之变"甚至俘虏了明朝皇帝。此后百余年间，明王朝把修筑长城当成重要工作，从未懈怠直至灭亡。

明朝对浩大的长城工程前后共进行7次大规模修筑，持续了100多年，终于建成了以秦长城为主体的、从嘉峪关到辽东全长6350公里的"外边"长城，并设九边重镇，即辽东镇、蓟州镇、宣府镇、大同镇、太原镇、榆林镇、宁夏镇、固原镇、甘肃镇。每镇设总兵，统兵数万至数十万不等，长城守兵达百万之众。为加强首都北京的防御，又修筑了"内边"长城和"内三关"长城（指连接居庸关、紫荆关、倒马关一段），以及大量的"重城"，北京怀柔、延庆一带"重城"数道，固若金汤。

文献记载，北京地区长城修筑始于战国。《史记·匈奴列传》载："燕亦筑长城,自造阳（今河北怀来大古城北七里）至襄平（今辽宁辽阳）。置上谷（今河北怀来大古城）、渔阳（今北京怀柔区梨园庄）、右北平（今天津蓟县）、辽西（今辽宁义县）、辽东（今辽宁辽阳）郡以拒胡。"清光绪《延庆州志》载："古长城在延庆州南二十余里，即燕塞，燕昭王用秦开谋，置上谷塞，自上谷以北至辽西。秦始皇因其旧址而大筑之，至今岔道以北迤逦而至永宁一带遗址犹存。"《西关志·居庸卷》记："长城岭在居庸关西南一百〇五里，马跑泉西，离镇边城一十五里，相传秦始皇所建。"

关于北京是否有汉代长城遗迹，2006 年曾有中国社会科学院考古研究所学者考证，今延庆区古崖居应为汉代"烽火台"的结论，这种提法目前没有文献和考古学的根据。以前也有很多书籍描述北京汉长城，但至今都没有找到北京存在的汉长城遗迹。在北京以北河北省的承德、隆化、滦平、丰宁都发现了汉长城及烽燧的遗址，这些汉长城遗迹没有与北京对接的接口。

燕、秦之后，史载，计有北魏、东魏、北齐、北周、隋、唐、明 7 个大小朝代在北京境内修筑过长城。北魏修筑的长城"畿上塞围"，"起上谷，西至于河"（《魏书》）。北魏上谷郡领平舒、居庸二县，上谷郡治于居庸县，居庸县即今日延庆区。北齐天保六年（555 年）筑长城，"幽州北夏口至恒州九百余里"。夏口即居庸下口，今为昌平区南口镇。《北史》称，北齐长城"东至海"，即东达渤海，也进入了北京地区。

明朝北京境内长城横跨北京北部燕山山脉军都山区的平谷、密云、怀柔、延庆、昌平、门头沟六区的崇山峻岭之中，有相当长的一段城墙现在仍是北京市与河北省的界墙。

明朝修筑长城不同于前代，明朝是统一中国的大版图，也是定都北京"天子戍边"。所以，明长城修筑成绵延 5000 多公里的砖石建筑的空前壮观坚固的巨大军事防御体系。终明一代，近300年统治的稳定有赖于长城的修筑，也给后世留下一份珍贵的文化遗产。

明代长城主体是山海关至嘉峪关。但明后期北方蒙古部落对中原的威胁减弱，而东北女真族成为新的隐患，这期间长城的修筑以北京防务圈为主，修筑了环卫京师的内长城，并将内长城的修筑外扩至今山西、河北交界的太行山内三关长城。

北京境内长城从东到西，自北京与河北蓟县交界的北京平谷区将军关进入北京境，向西延伸500多公里，从北京门头沟最西界的灵山走出北京境，进入河北省涿鹿县。

长城从平谷区将军关进入市界后，在平谷区黄松峪、密云区墙子路一带呈南北走向；向北过密云区东北部黑峪关后，走向急转向西，沿密云区曹家路、新城子、古北口、白马关一线的北部山区分水岭构筑。过白马关后，长城走向转向西南，经密云区冯家峪、北石城、南石城而达怀柔的神堂峪、慕田峪，这一带城墙主要构筑于平原、谷地西侧的山麓地带。

从慕田峪向西，在怀柔黑坨山附近，长城分成两支。其一呈北西走向，经延庆的四海到暴雨顶后分成北西两路：北路经白河堡出市界；西路经佛爷岭一带出市界，然后向河北赤城、宣化延伸。其二呈西南走向，分为南北两线：北线从延庆杨树台长城结合点开始，沿延庆海子口、东灰岭、小张家口、八达岭而达青水顶；南线从怀柔旧水坑西南长城结合点开始，经昌平黄花城、龙泉峪、黄花梁、西岭、八达岭而达青水顶。北线构筑于延庆盆地南缘，南线构筑于军都山中。二者在青水顶会合后，继续向西南延伸，在禾子涧以北再度分成南、北两线。北线在黄楼洼出市界后在镇边城以西重新进入市界，在笔架山、广坨山等地中断，而后在沿河城附近复出，经黄草梁、东灵山出市界，然后向河北省易县、山西灵丘方向延伸。南线沿禾子涧、郭定山、老峪沟、大村一带东山脊南延，至得胜寺中断。

北京地区长城总的分布格局为东西、北西两个体系。二者在怀柔旧水坑西南分水岭上会合，北结合点位于东经116°30′6.3″，北纬40°28′55″；南结合点位于东经116°29′38.9″，北纬40°27′45″。其中南结合点对于了解北京地区长城分布格局、研究北京地区两大长城体系，具有十分重要的意义。此结合点命名为"北京结"。东西向长城体系，在"北京结"以东，以单层状为主，只在隘口附近才出现环状、多层状；在"北京结"以西则比较复杂，除主要隘口附近构筑多层状、环状城墙外，在延庆盆地与北京平原之间的兵家必争之地，构筑相互平行的两道城墙，彼此相依，形成完善的纵深防御体系。北西向长城体系，在北京市境内主要为单层状，与前者相比，结构简单得多，两大体系区别比较明显。

北京境内长城沿线共有140座至150座城堡，现存有130座。分布在6个区，其中密云50座、延庆42座、昌平4座、怀柔21座、门头沟2座、平谷11座。这些城堡中只有约20%保存相对完整，多数分布在山区和人们很难攀登上去的地方。约有30%保存一般，现场尚看到一些残损的墙体。另有50%的城堡只有遗迹，城堡地面已无可辨认的痕迹，要靠当地老人回忆，才能发现遗址的位置。

北京境内长城大小关口有数百之多，较大型的有将军关、墙子路关、大黑关、司马台关、古北口关、白马关、鹿皮关、河防口关、莲花池关、黄花城关、撞道口关、九眼楼关、八达岭关、居庸关、沿河城关。这些关口今日尚存，仍是南北交通的要冲。

长城作为古代建筑工程的奇迹，不仅在于工程量之大，更重要的还在于它严密而又科学的军事防御体系布局，"因地形，用险制塞"的科学设防、烽烟相望、顷刻千里的通讯联络系统，以及因地制宜，就地取材，采用不同建筑材料、不同结构方式建筑的城墙和各种建筑物，还有亿万人民不畏困难的艰巨劳动。因此长城是中华各民族历代先民勤劳智慧和血汗的结晶。

1961年，国务院公布第一批全国重点文物保护单位名单，山海关、八达岭和嘉峪关名列其中；1987年，联合国教科文组织公布长城为中国首批世界文化遗产。2001年6月，国务院公布长城——司马台段为第五批全国重点文物保护单位。1984年北京市公布万里长城（北京段）为市级文物保护单位。2006年5月国务院公布第六批全国重点文物保护单位名单，将市级文物保护单位万里长城北京段尚未列入国保单位的部分与国保单位八达岭、司马台长城合并为一项全国重点文物保护单位——万里长城北京段。

2012年，国家文物局完成了长城资源认定工作并发布认定结论。我国各时代长城资源分布于北京、天津、河北、山西、内蒙古、辽宁、吉林、黑龙江、山东、河南、陕西、甘肃、青海、宁夏、新疆15个省（自治区、直辖市）404个县（市、区）。各类长城资源遗存总数43721处（座/段），其中墙体10051段，壕堑/界壕1764段，单体建筑29510座，关、堡2211座，其他遗存185处。墙壕遗存总长度21196.18公里。其中，北京境内的长城有573公里，其中与河北省交界长度约124公里，共涉及平谷、密云、昌平、延庆四区。另外还有关堡147座，单体建筑1742座，相关设施6处。截至2015年8月，北京段长城已有开放点约17处。其中既有八达岭、居庸关、慕田峪等国家级风景名胜区，也有古北口、红石门等景区内的残长城。

八达岭长城

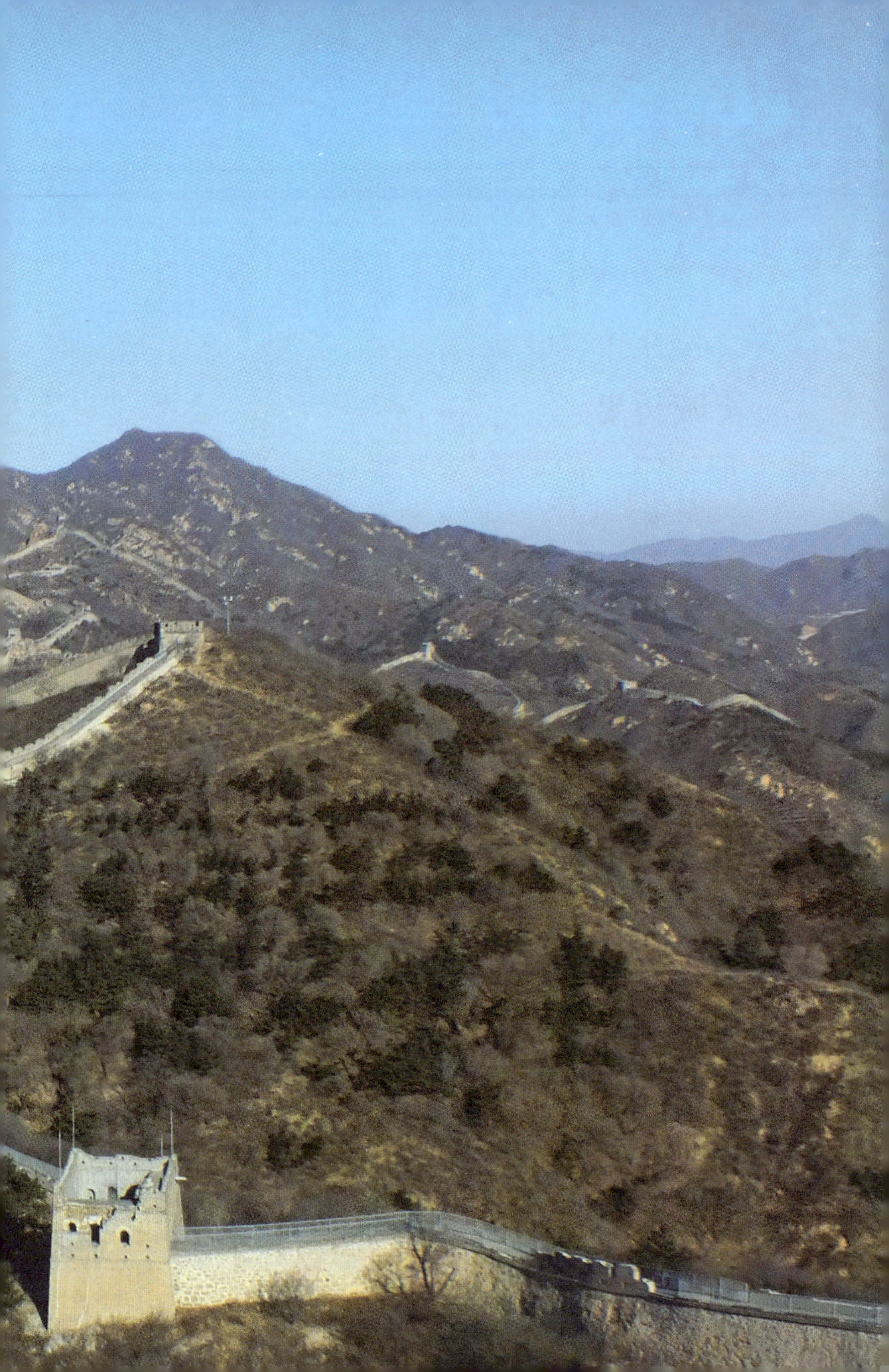

长城历史

长城开始修筑的时期，大约在公元前7世纪前后，即中国历史上的春秋战国时期。由于诸侯之间互相兼并的结果，出现了秦、楚、齐、燕、韩、赵、魏等几个大的诸侯国家。各诸侯为了防御，各自在自己的土地上修筑长城。北京地区现存修筑年代最早的是战国时期的燕长城，而作为首都防御体系最雄伟的明长城则保存最完整。

明代以前长城

北京地区明代以前长城，不少地段已被明代长城掩覆。现存长度为 73 公里，主要分布在怀来县镇边城以南门头沟区大村和昌平区老峪沟、禾子涧等地段。

禾子涧南入门头沟区大村的明前长城距明代长城距离较远。北起昌平区西北黄楼院，经流村乡、老峪沟乡和高崖口乡交界的锅顶山、南鳌鱼岭，折向马刨泉的北祁岭，南入门头沟区房良（方良）、大村东山，约长 30 公里。

门头沟区明前长城的分布，自八达岭向西南，沿昌平区老峪沟入门头沟区境，经房良（方良）、大村折向西，经得胜寺向西南延伸，过永定河，经沿河城、东灵山一带出境。

地面调查表明，大村南 1 里尚有长城遗址。它东起大村东山峰，沿大村南山梁向西北，至得胜寺。全长约 2 公里。得胜寺以西，向阳河以北山岭间，也有一段长城。目前该段石砌长城自然坍塌严重，城墙大部分（方良、大村）残高 1.5 米、宽 2 米左右。城台敌楼、烽火台等已坍为一堆瓦砾。该段长城一说为战国时期燕长城，一说为南北朝时期北齐长城遗址。

延庆明前长城沿延庆盆地南缘而东去。北京地区北线长城延庆南境的小张家口——西红山——三司一带，地形比较平坦，在长城主墙北侧,从遥感图像上清晰可见三四条与主墙平行的土边墙,这些边墙平行延伸,在山坡上可以延续追踪很远。其中距长城最近的一条,与主墙相距 50 米,其余大致 20 米。主墙是明嘉靖二十二年(1543 年)修筑的南路边垣。而边垣北侧与之平行的土边墙,应该是明以前长城的遗迹。

燕长城

燕居战国七国的东北部,国力甚强,版图较大。燕东濒大海,已是自然屏障,南接齐、赵,曾与秦、楚、晋合谋伐齐,大败齐师,燕军独自追至临淄城下,齐不敢犯燕。但是在燕的北面常有胡人南下骚扰,而西面则有秦国崛起,每有东进称霸之心。其间虽然还有赵国相隔,但赵也常受秦的驱使犯燕,实为大患。为了防御,

昌平燕长城遗址

燕便修筑了北长城和易水长城，以防胡和秦、赵。

易水长城，据《史记·张仪列传》记载，张仪作为一个说客，向燕昭王说："秦下甲云中、九原，驱赵而攻燕，则易水长城，非大王之有也。"说明这时易水一带已筑有长城。张仪说六国连横为燕昭王元年（公元前311年），可知这一段长城修建的年代当在苏秦说文公合纵（公元前334年）至公元前311年之间，是用来防齐、赵，保卫燕国下都——易水城的。燕易水长城的位置，《水经注》上记载甚详："易水又东，届关门城西南，即燕之长城门也……又东，历燕之长城……又东流，屈径长城西……又东，梁门陂水注之，水上承易水于梁门，东入长城……易水东至文安县，与滹沱合。《史记》苏秦曰'燕长城以北，易水以南'，正谓此水也。"《水经注·滱水》记载："滱水又东北，径阿陵县故城东……滱水东北至长城，注于易水……"其他如唐《元和郡县志》《大清一统志》等俱记载有燕易水长城的情况。位置大致相当于今天河北省易县的西南，向东南经定兴、徐水、安新、文安、任丘之间，达于文安县东南，长约250公里。

燕东北长城即位于上谷、渔阳、右北平、辽西、辽东的长城。关于这道长城的修筑，历史上有一段故事：起初燕国受到北面相邻的东胡山戎的威胁，曾把一位有名的将军秦开，作为人质送给东胡，以求暂时安定。胡人对秦开很是信任。后来秦开回来，发兵大破东胡，把东胡赶出1000多里。于是燕便筑长城，自造阳至襄平（今辽宁辽阳），并设置了上谷、渔阳、右北平、辽西、辽东五郡，用以防备东胡再度骚扰（见《史记·匈奴列传》）。关于这一段长城修筑的年代，由于历史上对秦开没有准确的年代记载，后人根据与荆轲共同刺杀秦始皇的秦舞阳是秦开的孙子判断，当在燕孝王时或燕王喜即位初年（公元前254年），这是战国时最后出现的一条长城。这一长城所经的地方，约自今河北张家口向东北行经内蒙古多伦、河北独石等境，又东经河北围场、辽宁朝阳，越过医无闾山，渡辽河达辽阳以南至碣石，长达1500余公里。现在这些地区还保存着燕长城的遗迹。

密云境内有一段燕筑长城，起自造阳的潮河关关城，被明代城堡叠压，但从城墙断面可以看出来。

延庆文物管理所2001年6月在调查八达岭长城时发现了一段遗址。自羊角山向东至西二道河，断续起伏，约几十里，走向与《延庆州志》所载燕长城大致相符，大都是由于石渣堆叠的边墙，损毁严重，有些地段只能隐约看出痕迹。据实地考察发现，延庆城南的西拨子、营城一带山上确实有古边墙的夯土层，而且自西向东北延绵数十里。张家口地区文物部门在怀来县境内发现了燕北长城的西部起点和遗址，按照其走势结合文献记载，可推断与延庆发现的长城在走向和年代上较为吻合。

昌平燕国所筑长城遗址，位于昌平城西北35公里的高山上，属流村镇辖区。此段长城东北—西南走向，北起高楼，俗称黄楼院，连接在明朝重修的长城上，东北蜿蜒至八达岭（此段长城实为秦统一后所修筑）。南经禾子涧的锅顶山、老峪沟南山、鳌鱼岭折向南至马刨泉的北祁岭，东南经门头沟区的大村东山出昌平镇，南北全长30余公里。多为山上就地开石取料，条石、长砖用量很少，墙体多为虎皮墙，不坚固，加上秦后此长城荒废，常年风化，自然坍塌，目前大部分墙体残高1.5米、宽3米左右，城台、敌楼、烽火台等也坍为一堆堆瓦砾。

秦长城

长城虽然在春秋战国时期即已修筑，但是由于诸侯林立，属境较小，一般小国长城都只有几百公里，一些大的诸侯国的长城也不超过2000公里。万里长城之名，自秦始皇时才开始，因此，人们提到万里长城的时候，往往把它同秦始皇的名字联系起来。据司马迁《史记·蒙恬传》记载："秦已并天下，乃使将三十万众，北逐戎狄，收河南，筑长城。因地形，用险制塞，起临洮，至辽东，延袤万余里。"关于秦始皇派遣大将蒙恬修筑长城的情况，在《史记·秦始皇本纪》和当时其他的文献中均有不少的记述。如《淮南子·人间训》中也记叙秦始皇："发卒五十万，使蒙公、杨翁子将，筑修城，西属流沙，北击辽水……"（"修城"，即"长城"，《淮南子》作者避淮南王刘长之讳，"长"字写作"修"。）又"秦之时……丁壮丈夫，西至临洮、狄道……北至飞狐、阳原，道路死者以沟量"。（《淮南子·氾论训》）可以看到，它西起于临洮。西段是因秦昭王的旧长城修缮而成的。

《史记·秦始皇本纪》三十三年："西北斥逐匈奴，自榆中并河以东，属之阴山，以为三十四县，城河上为塞。"又记载："又使蒙恬渡河取高阙、陶山、北假中，筑亭障以逐戎人。"可见北段是蒙恬收复了黄河河套，沿黄河、阴山设立亭障要塞的。

记载说它北面、东面沿赵、燕的旧长城，西起高阙，东到造阳，再东行，抵达辽东。

从《史记》中看到，这长城是始皇三十年（公元前217年）伐匈奴开始，到始皇三十七年（公元前210年），二世赐蒙恬、扶苏死，共9年筑成的。

公元前221年，秦始皇统一了中国，春秋战国时期诸侯割据称雄的纷争局面宣告结束，封建专制主义中央集权的国家开始了。为了适应统一国家的需要，秦始皇采取了一系列措施，诸如设郡县，实行"书同文""车同轨""行同伦"以及统一度量衡和其他各种统一的制度，以促进政治、经济、军事、文化的发展。这些措施是巩固中央集权封建制国家所必需的。修筑万里长城即根据巩固中央集权封建制统一国家的需要所采取的一种政治军事措施。

我国自古以来就是一个多民族共存的国家，各民族统治集团之间不时发生矛盾和战争，秦始皇时期主要的民族矛盾仍然是匈奴、东胡等北方游牧民族和统治中原地区的各民族统治集团之间的矛盾，而当时的长江、黄河流域大部分地区已经处于以农业生产为主的封建社会发达阶段。农业生产需要安定经营，长期培植，才能获得好的收成。而当时的匈奴、东胡还处在奴隶制的早期阶段，匈奴、东胡等奴隶主贵族除了残酷剥削压迫本民族的奴隶之外，还经常南下掠夺财产、牲畜并掳掠人民，给中原地区人民的生产、生活造成极大的威胁。因此，秦始皇对匈奴的战争实际上是保卫进步的生产关系的战争，是有利于生产力的发展的。

秦始皇并灭六国，统一了天下，原来燕、赵等国的北部地区生产比较落后，为了发展这些地区的经济、文化，巩固其统治，在北部地区设置了陇西、北地、上郡、九原、云中、雁门、代郡、上谷、渔阳、右北平、辽西、辽东等十二郡，用以进行管辖，主要是进行垦殖，发展农牧业经济。同时也是为了防御匈奴、东胡奴隶主贵族骚扰中原的一项措施。

在秦始皇并六国以后的15年中，采取修筑长城来防御外敌和垦殖北方土地等措施，是收到了效果的。"当此之时，匈奴单于不胜秦，北徙。"十余年不敢南下而牧马。可见筑长城在当时历史条件下，是出于防御而采取的一种较好的形式。

秦始皇修长城是统一的措施，而拆长城也是统一的一项措施。在春秋战国时期诸侯称霸，就各自筑长城以自卫，长城成了诸侯割据的屏障，进可攻，退可守，如果让它存在就给地方割据保存了条件。因此，秦始皇在统一天下以后，立即下令拆毁内部各国的长城、关隘，"夷去险阻"。在秦始皇东巡海上到今天的秦皇岛一带时所刻碣石门之词《碣石铭》上曾记述了这件事。

铭曰："皇帝奋威，德并诸侯，初一太平。堕坏城郭，决通川防，夷去险阻。地势既定，黎庶无繇，天下咸抚。男乐其畴，女修其业……"

所说的"堕坏城郭""夷去险阻"，就是拆除六国互防长城、关隘和防御性城垣等设施。

但秦始皇修阿房宫、始皇陵以及其他宫室苑囿，占用过多劳动力，致使生产受影响，人民生活痛苦。后来爆发了陈胜、吴广起义。于是有人记述"杞梁妻",民间流传"孟姜女哭长城"的故事,表现大量农民脱离生产、修筑长城的凄苦。

北魏长城

北魏王朝统治了黄河流域北部的广大地区。北魏王朝的统治者来自鲜卑族拓跋部,本来是以游牧骑射为生,但在统治了以农业生产为主的中原地区之后,进入了封建社会经济结构,国力一时强大。这时在王朝的北部有另一支强大的游牧民族柔然和东北部的契丹族,他们仍处在奴隶社会阶段,奴隶主贵族不时南下扰掠。因此,北魏仍然采用了秦汉时期防御匈奴的办法——修筑长城。据《魏书·明元帝纪》记载:明元帝泰常八年(423年)筑长城于长川之南,起自赤城(今河北赤城县),西至五原(今内蒙古自治区五原县),延袤两千余里。又在太平真君七年(446年)发四州十万人,筑畿上塞围,起上谷,西至于河,广袤皆千里。即从现在北京居庸关,向南至灵邱,再向西经平型、北楼、雁门、宁武、偏头诸关而达山西河曲县。当时把这道长城称之为畿上塞围,是因为它环绕于首都平城(今大同)的南面,用它来保卫首都之意。

北齐长城

北齐天保元年(550年),高洋灭东魏,是为北齐,据有现今河北、河南、山西、山东等地的大片领土。它的北方有突厥、柔然、契丹等游牧民族的威胁，西边又有北周政权的对峙。为了防御，北齐便大筑长城。据《北史》记载，北齐天保三年（552年），自西河总秦戍（大同西北）筑长城，东至于渤海（今河北山海关）。天保六年（555年）皇帝下诏，征发一百八十万人修筑长城，自幽州夏口（今北京居庸关南口）西至恒州（今大同）九百余里。天统元年（565年）自库堆戍东距海两千余里间，凡有险要，堑山筑城，断谷起障。《北史》上记载，齐前后修筑长城东西凡三千余里，六十里设一戍，并在险要地方设置州、镇凡二十五处，用以驻兵防守。并在天保八年（557年）初，于长城内筑重城，自库络拔（今大同西南）至坞纥戍（平型关东北），长四百余里。天统元年（565年）又把坞纥戍的重城向东延伸至居庸关与外城

门头沟区大村西山北齐长城遗址

相结合。

此外，为了防御北周，还修筑了南北向的长城。《资治通鉴》上记载，北齐"河清二年（563年），诏司空斛律光督步骑二万，筑勋掌城于轵关（今河南济源市），仍筑长城二百里"，即今尤关、广昌、阜平之间的长城。

据文物调查，北京昌平、门头沟、延庆有几处怀疑是北齐长城遗迹。在北起昌平西北黄楼院，经流村乡、老峪沟乡和高崖口

昌平区黄楼院沟口北齐长城遗址　　昌平区流村镇北西岭北齐长城遗址

乡交界的锅顶山、南鳌鱼岭，折向马刨泉的北祁岭南入门头沟的一段长城，全长30公里。自然坍塌严重，早已没有成型的建筑遗存，只是一段一段凸起的残垣，这是探索北齐长城的重要线索。

密云境内有一段北齐长城，修建于北齐天保六年（555年），"自西河总秦戍筑长城东至于海"。这段长城经过古北口一带，为密云区境内修筑最早的长城。它从古北口西山野猪岭的小高楼起与明长城分道扬镳，朝东南方向延伸，经过潮河关关城，沿着山

密云区古北口北齐长城遗址

脊到小花楼。自小花楼到大花楼，因山的北面是万丈悬崖，下有潮河，故未建长城。自大花楼向东到蟠龙山、石盆峪东山，向南经大西沟到五里坨南山，大岭抄梁子、砖垛子、窟窿山、丫髻山、司马台北山到司马台关口与明代长城会合，全长20多公里。

这段长城是用未经斧凿的毛石、石灰和三合土砌成，高5~7米，宽4~5米，尚未发现烽燧。在城墙的南面，有许多驻兵的寨子。如潮河关西沟的怀古城寨子、石盆峪寨子、丫髻山寨子、司马台北山寨子、下窝铺寨子等。这些寨子的长和宽均在100米和60米左右，坐落在几层山坡的台地上，周围有宽3米左右的围墙。主要关口自西向东为潮河关、古北口、红门口、窨子口、丫髻山口和司马台口。潮河关口在潮河边，是过去中原往来北方通过古北口唯一的车行大道。其他关口只能通行人马。

密云区司马台北齐长城遗址

延庆帮水峪村有一处燕秦、北齐、明三道长城并行的遗址，是探索北京境内早期长城的重要线索遗迹，最具典型意义。延庆帮水峪村南1公里花家窑沟中，从北往南有土、砖、石三道长城。土长城为燕长城，往东向营城子村方向延伸，往西到石峡关；砖长城为明长城，与八达岭残长城衔接，向西出石峡关入河北怀来陈家堡；石长城为北齐长城，往东直至青水顶，往西多为明代砖长城覆盖。

通州区也有一段北齐长城遗址，位于通州区窑厂村村址的条形土岗。

总的来看，北京地区明代以前的长城，主要有镇边城以南大村——老峪沟——禾子涧，十三陵北部西岭——黄土梁——外桃园一段，以及石峡、青水顶、"北京结"、金山岭及曹家路等段。在这些段落中，除大村——老峪沟——禾子涧一段距明代建筑的城墙较远外，其他段落多分布在明长城沿线。其空间分布特点是：明代重新修葺时被截弯取直，如石峡支线、青水顶支线等；为改善攻防条件舍弃旧线另选新线，如废弃大村——老峪沟——禾子涧一段，改修广坨山、笔架山——河北省大营盘山、金牛山——禾子涧——黄楼洼。上述情况表明，明代长城基本上是在明代以前长城基础上修葺和扩建的。据此空间分布特点，可将其总的走向分布概括为："北京结"以东，除白马关、古北口以东两处走南线外，其余与明长城一致；"北京结"以西，明以前长城经黄花城、龙泉峪、西峪、八达岭至青水顶，过青水顶支线后沿禾子涧——老峪沟——得胜寺向西南延伸，经沿河城、东灵山一带出境。

　　明以前的长城构筑比较简单，材料以泥石为主，结构粗糙，极易风蚀破坏，墙体以石垛墙为主，其上罕见城台；大都严重损坏，且损坏特点一致。明长城多以条石为基，砖包墙体，更以优质白灰浆灌缝，整体结构严实，不易遭受破坏；墙体以砖石结构为主，其上均有城台；在一个自然段中墙体损坏程度因地而异。

　　北京长城现状的显著特点之一，是损失程度有着明显的"自然分段"，即在一个大段落中，毁坏情况相似。

明代长城

明朝在灭掉元朝之后，原来的统治者蒙古贵族逃回旧地，仍然不断南下骚扰。后来在东北又有女真的兴起，为了防御蒙古、女真等游牧民族的扰掠，明代十分重视北方的防务。明太祖朱元璋原是一个农民起义的领袖，对于攻打城池曾经有过亲身的体会，当他取得天下的时候，为了巩固统治，十分重视筑城设防的措施。原来在朱元璋即将统一全国的时候，就采纳了休宁人朱升"高筑墙、广积粮、缓称王"的建议。高筑墙就是筑城设防备战之意。因此明朝不仅对全国各州府县的城墙都修筑得十分坚固，全部用砖包砌，而且对长城的修筑工程更为浩大，在明朝的 200 多年中一直没有停止对长城的修筑和对长城防务的加强。明朝长城工程之大，自秦皇、汉武之后，没有一个朝代能够与之相比，工程技术也有了很大的改进，结构更加坚固，防御的作用也更大了。我们可以这样说，万里长城这项从春秋战国开始修筑，经秦始皇连成一气的伟大工程，直到明朝才基本完满结束。

明朝的军事防御工程，不仅是长城，而且在东北、西北和东南沿海以及全国各地都设置了军事机构，修筑了城防、关隘。远出万里长城山海关以北 3000 多里的特林地区设立了奴儿干都司，行使军事和民政权力。远出嘉峪关西北数千里的哈密、沙州、吐鲁番等地设立了卫所等军事和民政机构，管理那里的军事和民政事务。这些城防、关隘、都司、卫所与万里长城同属明朝的防御工程体系。

明朝还在重要的关隘，特别是在当时的京城北京的北面居庸关、山海关、雁门关一带修筑了好几重城墙，多的达到20多重，并在长城南北设立了许多城堡、烟墩（烽火台）用来瞭望敌况，传递军情。正德年间（1506—1521年）在宣府、大同一带修筑了烽堠3000多所。

明隆庆至万历初年，名将戚继光（1528—1587年）任蓟镇总兵时又在山海关至居庸关长城线上督筑墩台1000多座。这些烽堠、墩台与长城南北的许多城防、关隘、都司、卫所等防御工程和军事机构共同构成一道城堡相连、烽火相望的万里防线。

由于朱元璋曾接受了朱升"高筑墙"的建议，在他正式建国号的第一年明洪武元年（1368年）就派大将军徐达修筑居庸关等处长城。明洪武十四年（1381年），又修筑山海关等处长城。到明万历二十八年（1600年）前后，经过了200多年的时间才基本完成了万里长城的修筑工程。而一些城堡关城一直到明末还在修筑。这一东起鸭绿江，西达嘉峪关，全长14600多里的长城，其中从山海关到鸭绿江这一段长城，由于早期工程比较简单，后来未做更多修筑，因而毁坏较为严重。而从山海关到嘉峪关这一段工程较为坚固，保存较为完整，又有两个关城东西对峙，所以长期以来就被一般人误称为东起山海关、西到嘉峪关的万里长城了。

"北京结"

长城从山海关西来,由平谷区将军关附近进入市界,在平谷区黄松峪、密云区墙子路一带呈南北走向,向北过密云区曹家路、新城子、古北口、白马关一线的北部山区分水岭构筑。过白马关后,走向转向西南,经密云区冯家峪、北石城、南石城而达怀柔区的神堂峪、慕田峪。这一带的长城主要构筑于平原及谷地西侧的山麓地带。从慕田峪向西,在怀柔区海拔1534米的黑坨山附近,长城分为两支,其一支呈北西走向,经延庆区四海镇暴雨顶后分成东西两路,东路经过白河堡东北出市界,西路经佛爷顶一带出市界,然后向河北赤城、宣化延伸;另一支走向南西,分成南北二线,北线从延庆杨树台长城连接点开始,沿延庆区海字口、东灰岭、小张家口、八达岭而达青水顶,南线从怀柔区旧水坑西南长城连接点开始,经昌平区黄花城、龙泉峪、黄花梁、西岭、八达岭而达青水顶。北线构筑于延庆盆地南缘,南线构筑于军都山中。二者在青水顶会合后继续向西南延伸,在禾子涧以北再度分成南北二线,北线在黄楼洼出市界后,在镇边城以西重新进入市界,在笔架山、广坨山等地中断,南线沿禾子涧、郭定山、老峪沟、大村一带东山脊南延,至得胜寺转向西北后中断。向西在门头沟区沿河城附近经东灵山越出市界,然后向河北省易县、山西省灵丘方向延伸。

北京地区长城总的走向分布主要由东西、北西两个体系组成,二者在怀柔区旧水坑西南分水岭上会合,连接成为一个整体。此

怀柔长城"北京结"近景

怀柔东、西、南方向长城汇集制高点"北京结"

接合点位于东经116°29′38.9″、北纬40°27′45″，被称为"北京结"。以"北京结"为枢纽，长城分为4条支线，其东支长城由慕田峪以东依次为亓连口、神堂峪、河防口、大水峪至密云小水峪，明嘉靖时属蓟镇石塘路；西南支长城由慕田峪以西，经"北京结"的关口田仙峪，再依次经擦石口、磨石口、驴鞍岭、大榛峪、南冶口、大长峪口、小长峪口、黄花城本镇口、鹞子峪口、撞道口、石湖峪、西水峪入延庆；西北支长城由黑坨山向西北经延庆进入河北省，西和西北两支长城在明嘉靖年间为宣镇长城。

东西向长城体系，在"北京结"以东，以单层状为主，只在隘口附近才出现环状、多层状。"北京结"以西则比较复杂，除要隘口附近构筑多层状、环状城墙外，在延庆盆地与北京平原之间，构筑相互平行的两道城墙，形成双重的纵深防御体系。北西向长城体系，在北京市境内主要为单层状，结构也简单得多。此外，在长城主线两侧偶然可见伸出的支线，这些支线一般长几百米至几公里。这类支线墙体的构筑质量和用材多与主墙一致，但从分布特点看，大部分无防御价值，据此推测其中一部分可能是修建过程中发现走向不合理而被废弃的。

由东部将军关经北部八达岭，再西南延伸至门头沟区境内笔架山——东灵山，这一线长城保存较完好，气势雄伟，构成北京长城的主体。

长城分布

北京的明长城分布在平谷、密云、怀柔、延庆、昌平、门头沟六区。

平谷境内长城

区境内明长城属蓟镇管辖，为蓟镇长城的一部分。长城位于县城东北部，为东南—西北走向，起点位于河北省兴隆县、天津市蓟县和平谷区交界处的靠山集乡红石门村大松木顶、沿区界延伸向北至将军关，向西经黄松峪关到南独乐河镇北寨。又蜿蜒向北经山东庄镇、熊儿寨乡、镇罗营乡等6个乡镇19个自然村，至平谷区与密云区交界处的北水峪、黄门子入密云区境。全长60.5公里，拥有城台52座，其中保存较好的4座。

密云境内长城

明长城东起从大城子镇下栅子村（与平谷区接壤处）入密云境，穿越大城子镇（经过下栅子、南沟、墙子路、北沟等村），

白道峪长城

途经北庄镇、太师屯镇（南沟、石岩井等村）、新城子镇（经过大树洼、坡头、遥桥峪、花园、大角峪、曹家路、崔家峪、东沟、四道沟、头道沟、小口、新城子、巴各庄等村）、古北口镇（经过司马台、涝洼、汤河、河东、河西、潮河关等村）、高岭镇（经过界牌峪、田庄、水石浒等村）、不老屯镇（经过陈家峪、阳坡地、西坨古等村）、冯家峪镇（经过黄榆口、西湾子、河北、石城、王庄子、水堡子、梨树沟等村）、溪翁庄镇（经过尖岩、黑山寺等村）、石城镇、西田各庄镇（经过白道峪、牛盆峪、小水峪、西沙地等村）共11个乡镇57个村庄，到西田各庄镇西沙地村出境入怀柔界。全长207公里，拥有城台568座，城台保存较好的195座。

怀柔境内长城

明长城大多是明代隆庆至万历年间在北齐长城的基础上修筑的，也有一部分是明永乐、景泰年间修筑的。怀柔的长城由内长城和外长城两部分组成。由独石口经延庆的四海冶，向东沿怀柔与延庆交界的大火焰山，进入怀柔境内的小火焰山，折而向东经田仙峪、贾儿岭、慕田峪、亓连口、神堂峪、河防口、大水峪与密云的小水峪长城相接，这段长城属于外长城；内长城则是由慕田峪向西经贾儿岭、田仙峪、小火焰山，再向西经擦石口、磨石口、驴鞍岭、大榛峪、南冶口、大长峪口、小长峪口、黄花城本镇口（头

神堂峪

道关)、撞道口、石湖峪、西水峪与延庆区旺泉峪山顶的长城相连。怀柔境内(不含沿边界的)长城,总长63公里,跨越4个镇的22个行政村。其中有空心敌台215座、实心敌台59座、墙台7座、更房4处、关口要塞21处、城堡23座。

延庆境内长城

境内明长城沿军都山麓的自然形势,走向自东而西或自西而东北,沿山脊择险地而筑,在境内形成张开的剪刀状。以四海镇东南边缘的火焰山敌楼为枢纽,一仞向西北沿黑坨山绕至暴雨顶,从白河堡出区界入河北赤城北去独石口一线,此段为石块堆垒或黄土夯实的土边墙,长约71.5公里,称为东路边垣;一仞向西至海子口、营城、柳沟、岔道,在西拨子镇黄花顶,与八达岭段长城相连接,此段大都为土夯的边墙,长110公里,称为南山路边垣。这两路边垣是属宣府镇管辖的外线长城。有专业人士提出:"长城'北京结'以西,布局十分复杂。从这里分成西北和西南两支,每

支不久又各自再分两支。西北支在檐墙西部分两支入张家口；西南支分开后又在八达岭复合，继续向西南去。"西北支"自'北京结'经延庆四海冶，沿妫川盆地北部山区而行"。这两支同属外线长城，西北支即东路边垣，西南支即南山路边垣，走向与实际相符。

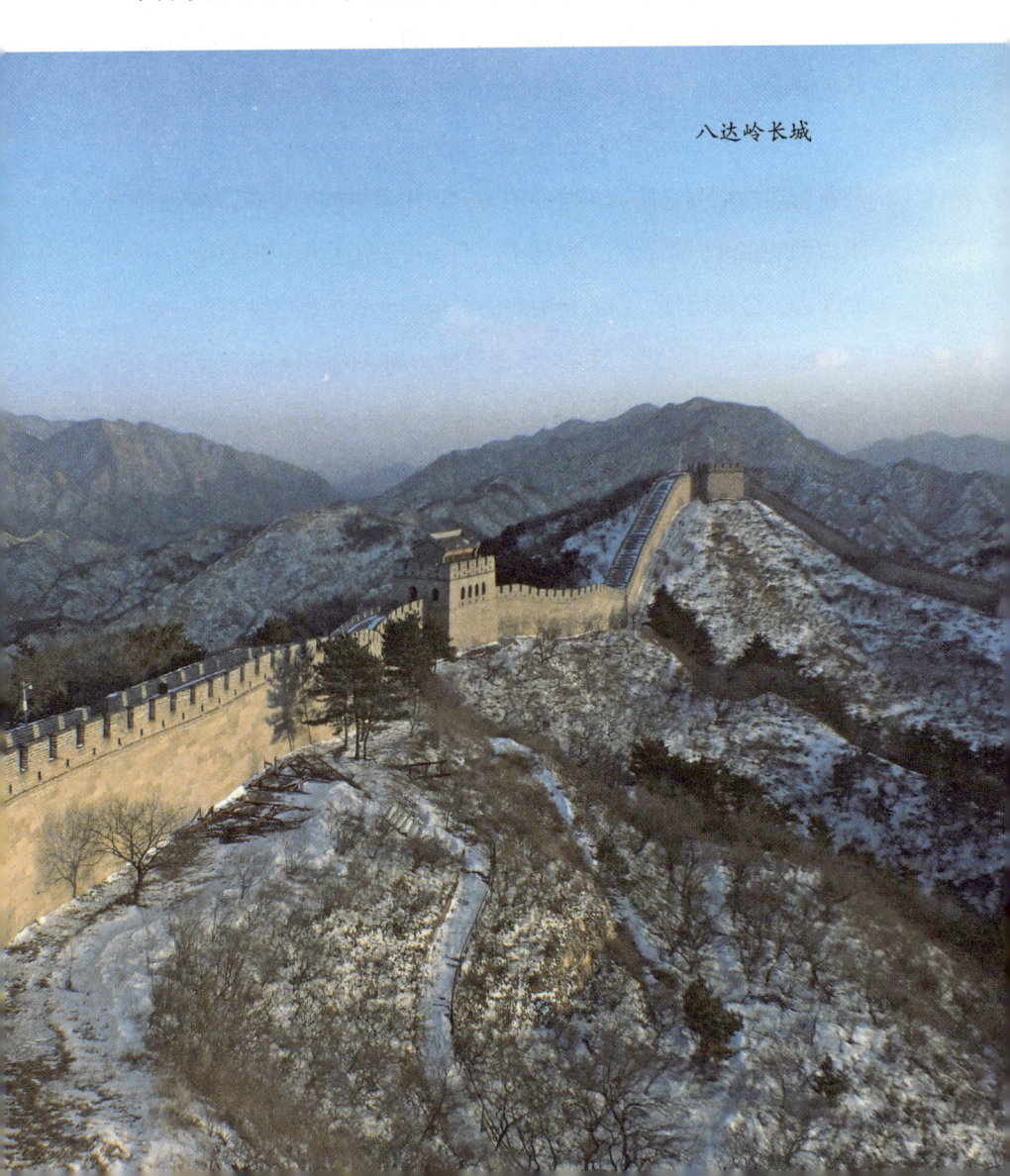

八达岭长城

南山路边垣东起四海镇火焰山的敌楼，这里是东路边垣与南山路边垣和怀柔黄花城长城的会合处，由此往西经过永宁镇、井庄镇、大榆树镇，至八达岭镇石峡村东北的黄花顶与八达岭段内长城会合，在延庆境内长80公里，沿线有城堡4座（四海冶、永宁卫、柳沟营、岔道城），关隘8座（四海冶、海子口、十八道梁、柳沟、小张家口、岔道、八达岭、石峡峪口），墩台14座，烽火台12座。

东路边垣是明嘉靖二十九年（1550年）总督宣大、保定军务翁万达为增强宣府镇东路的防务，阻止蒙古族的进攻，在南山路边垣的东北方修筑的。亦起于四海镇火焰山敌楼，沿黑坨山西北而去，经暴雨顶、白河堡由北出境至河北省赤城的独石口，在延庆境内长71.5公里，沿线有城堡4座（周四沟、千家店、黑汉岭、刘斌堡），关隘7座（黑峪口、天门关、营盘口、干沟、白河堡、金鸡口、黄岭口），墩台122座，烽火台25座。

在延庆南部军都山麓的山脊上有两段走向一致、砖石结构而且保存相对完整的内长城，即大庄科段和八达岭段长城。

大庄科段长城东起延庆区与怀柔区的界河，西至大庄科乡解字石村北，全长4.1公里。有空心敌台13座，均砖石结构，年久失修，损坏严重，为黄花城长城部分。

八达岭段长城东起石佛寺村东山顶"川字一号"台，西至延庆、昌平、怀来三区县交界处的南天门，全长23公里，敌楼92座，哨楼2座，其中八达岭关城敌楼墙台共35个，其中北面19个（敌楼11个，墙台8个），南面16个（敌楼9个，墙台7个），为八达岭特区所辖范围。

昌平境内长城

明长城位于昌平原流村镇西北的山顶上,海拔1439米,是昌平地区最高处,东距昌平城40公里,东北接延庆境内长城,西南与河北省怀来县长城相连,昌平境内长城全长2.5公里,有敌楼13座。

南口

门头沟境内长城

明长城自延庆八达岭西南,走怀来县镇边城西,经水头村西南、广坨山南的挂子庵（原称挂枝庵）山。渡永定河,西经水峪口,由麻黄峪村入门头沟区境的石岩沟。出门头沟区境西南至涿鹿县道沟村北,原马水口段。

沿字肆号台

九边十一镇

为了加强长城的防务和指挥调遣长城沿线的兵力，并利于经常修缮长城关隘工程，明代把长城沿线划分成为 9 个防守区段，称之为"九边"，每边设镇守（总兵官），谓之九边重镇。九边重镇之外，为了加强京城的防务和保护帝陵（今明十三陵）的需要，于明嘉靖三十年（1551 年）在北京的西北增设了昌镇和真保镇，共为 11 镇，构成了九边十一镇的防御体系布局。

据《明史》载："其边陲要地称重镇者凡九：曰辽东、曰蓟州、曰宣府、曰大同、曰榆林、曰宁夏、曰甘肃、曰太原、曰固原。皆分统卫所关堡，环列兵戎。岗维布置，可谓深且固矣。"初设辽东、宣府、大同、延绥四镇，继设宁夏、甘肃、蓟州三镇，后增置太原（山西镇）和陕西镇。九镇即辽东镇、蓟州镇、宣府镇、大同镇、太原镇、延绥镇、宁夏镇、固原镇、甘肃镇。每镇各设总兵官一人统辖，下设副总兵官、参将、游击将军、把总等分领。

北京境内的明长城主要分布在蓟镇，后蓟镇中分出昌镇、真保镇。从军事险要程度来讲，"蓟昌建在畿辅，实为腹心，东西辽、保，则左右臂也。要之，论国势重轻则蓟昌为最，保镇次之，辽镇又次之。论夷情缓急，则蓟辽为甚，昌镇次之，保镇又次之，此其大较也。""昌拥九陵而护神京，蓟在左腋之间，绵亘两千里，带甲十万，文武将吏画地而守，垣而外三卫牧其中，向背靡测。逆则要结酋虏……将士拥盾而食，奄忽突至，跃马横戈，虏去复如故。盖必战之国，物力钝利亦略相当。保据紫荆之险，外扼云中，

与辽为左右辅,利害差缓。然啮肘及腹,联络捍卫,固东西两冯翊云。"(《长安客话》卷七《关镇杂记》)

十一镇分别管辖的长城范围、总兵驻地如下:

辽东镇:总兵驻广宁门(今辽宁北镇),管辖的长城东起丹东附近的鸭绿江畔,西至山海关,全长970余公里。

蓟镇:总兵驻三屯营(今河北迁西),管辖的长城东起山海关,西至慕田峪(今北京怀柔区境),全长880余公里。

昌镇:总兵驻地昌平,是为了加强王朝首都和帝陵(今明十三陵)的防务而从原蓟镇中增设的。管辖的长城东起慕田峪,西至紫荆关,全长230公里。

真保镇:总兵驻保定,是为加强王朝首都防务而增设的。管辖的长城北起紫荆关,南至故关,全长390公里。

宣府镇:总兵驻宣化,管辖的长城东起居庸关,西至西洋河(今山西大同东北),全长511余公里。

大同镇:总兵驻大同,管辖的长城东起镇口台(今山西天镇东北),西至鸦角山(今山西偏关东北),全长330公里。

太原镇:也称山西镇,总兵驻偏关。管辖的长城,西起保德、河曲的黄河岸边,从偏关、老营堡、宁武关、雁门关、平型关、龙泉关、固关而达黄榆岭,全长800余公里。因为此镇在大同、宣府两镇长城之内,所以又把这一线长城称作内长城。此线长城并多石墙,有的地方的石墙多达20多重。

延绥镇:也称榆林镇,总兵驻榆林。管辖的长城东起黄甫川(今陕西府谷境内),西至花马池(在今宁夏盐池县),全长885公里。

宁夏镇：总兵驻银川。管辖的长城东起大盐池（今宁夏盐池县境内），西至兰州。全长约1000公里。

固原镇：总兵驻固原。管辖的长城东起靖边，与榆林镇长城相接，西至皋兰，与甘肃镇长城相接，全长约500公里。

甘肃镇：总兵驻张掖。管辖的长城东起皋兰县（今兰州），西至嘉峪关祁连山下，全长约800公里。

以上九边十一镇的长城，长度共计7300多公里。全线防守官兵名额共计976600多名。由于明长城各镇的管辖范围和官兵名额时有变化，以上统计只是一个时间内的数字。长城的长度也只是一些文献上的记载，实际的长度远不止此。2012年6月5日，国家文物局向全球发布了长城地理信息资源调查结果，历代长城总长度为21196.18公里。

明长城的防御工事，分作镇城（镇守或总兵驻地）、路城、卫所城、关城、堡城、城墙、墙台、敌台、烟墩（烽火台）等不同的等级，不同形式和不同功能的建筑物间相互联系、相互配合，共同组成一个完整的防御工程体系。关城尤为要害。

明长城的关口很多，每镇所辖关口多至数百，十一镇长城的关口总计在1000以上。其中著名的也有数十座。自居庸关以西，明长城分南北两线，到山西偏关附近的老营相合，被称为内、外长城或里、外长城。里长城从居庸关西南向，经河北易县、涞源、阜平进入山西的灵丘、浑源、应县、繁峙、神池而至老营。外长城自居庸关西北经赤城、崇礼、张家口、万全、怀安而进入山西的天镇、阳高、大同，沿内蒙古、山西交界处达于偏关、河曲。

位于河北、北京、山西、内蒙古境内的明代内外长城是明代首都北京的西北屏障，对于防御来自西北的威胁，保卫王朝的安全与蓟镇长城同样重要。因此，长城工程亦甚为雄伟坚固。关隘险口也很多，著名的内、外三关即长城线的六个重要关口。靠近当时首都北京的居庸关、倒马关、紫荆关是为内三关，自此往西的雁门关、宁武关、偏头关是为外三关。这内外三关成了明王朝保卫京师和东南地区的重要险阻，经常派重兵把守。

蓟　镇

蓟镇以蓟州得名，也叫蓟州镇。明代蓟州镇统渔阳县、玉田县、丰润县、遵化县和平谷县。治今河北迁西县三屯营，管辖东起山海关，西至四海冶（在今北京延庆）的长城防御。后又在京畿分置昌镇和真保镇，前者辖慕田峪（在今北京怀柔区西北）至紫荆关（在今河北易县西北）的长城防御；后者管辖紫荆关、沿河口西至娘子关的长城防御。

蓟镇，东从山海关，西达居庸关之灰岭口，延袤600公里，为蓟镇管辖地。镇治蓟州。州西有边墙三重：从州北黑谷等关，西达密云砖垛子关，为第一重；从州东北丰台谷寨，西达密云之墙子岭南谷寨，为第二重；从州东彰作里关，西达平谷峨嵋山寨及香河县，为第三重。沿边分东西中三路，其最重要的关隘，东路有山海关、石门寨、燕河营、建昌营，中路有太平寨、喜峰口、松棚谷、马兰峪，西路有墙子岭、曹家寨、古北口、石塘岭等处。此镇所辖边墙，就是现在河北边外山海关到居庸关一带长城。

《明史》载："蓟之称镇，自（嘉靖）二十七年始。时镇兵未练，因诏各边入卫兵往戍。既而兵部言：大同之三边，陕西之固原，宣府之长安岭，延绥之夹墙，皆据重险，惟蓟独无……地形平漫，宜筑墙建台，设兵守，与京军相夹制。"所以蓟州建镇在明嘉靖二十七年（1548年），负责东起渤海之滨的山海关，西至昌平的边墙防务，防线总长度达1000多公里。据《平谷县志》载：将军石营、峨嵋山营、将军石关、黄松峪关、彰作里关、黑水湾寨、峨嵋山寨，俱属蓟州兵备道马兰峪参将所辖。而镇罗营、熊儿峪营、南水峪关、北水峪关、熊儿峪寨、灰峪口寨、渔子山寨，俱属密云兵备道并墙子岭参将所辖。

文献记载，蓟州设镇守总兵要早得多。其设镇年代以《四镇三关志》所记最为明确。在《蓟镇建制考·沿革》一节中说："（永乐）二年设总兵，驻寺子谷，镇守边关，遂为蓟镇云。"在《蓟镇职官考·武阶》一节中说："（镇守总兵）永乐二年设总兵或侯或伯充任。今用都督佥事或同知一员镇守。隆庆三年改为总理练兵事务仍旧镇守。"在《蓟镇职官考·部署》一节中有："总兵府永乐二年建于寺子谷，景泰四年改建于三屯营城。"前后均呼应而无抵牾之处。

《长安客话》中关于设蓟镇的记载："国初宣辽联络，鼎制三关，蓟属内地，自大宁内徙，三卫盘旋，蓟遂与虏临矣。嘉靖庚戌，虏从古北口入犯，游骑直薄都城。天子震怒，特遣重臣督镇蓟辽，驻节于密，是为蓟镇。其总督开府兵备专司俱在密治，遂称总镇城。蓟镇东起山海关，西至大水谷，抵昌镇慕田峪界，边一千余里，分十二路，辖以三协。东协逼近辽左，陆海兼防。中协开设关口，抚赏甚繁。西协内蔽营平，外扼曹墙。"

明代边镇是以军事防御为目的而建立的特殊军事区划，故其疆域虽与行政区划相重叠也互不混淆。其总镇府并不设在蓟州，总督在蓟州开府时间也不长，因此在尚未找到文献依据之前，对它以蓟州命名的原因还难以准确推测，以理度之，恐怕与蓟州适当山海到居庸之中，正为京师左辅有一定关系。明嘉靖三十年（1551年），蓟镇西端的镇边城、居庸关、黄花城三路另组昌平镇，蓟镇疆域减小。但天启时，又有"蓟州、昌平、保定、密云、永平、易州、井陉，以上七处总称蓟镇"的说法。蓟州镇在明代常省略称蓟镇。

蓟镇的设置是从明永乐二年（1404年）设镇守总兵于寺子谷开始的。蓟州镇的地域，东起山海关，西到居庸关，包括了从顺天府和永平府所辖的六州二十七县。到万历初年，蓟镇建制形成如下系统：

镇以下，分为三个大区，称东、中、西三路，设官协守；其中，西路与昌镇比邻。

每路下分成4个小区，也称路，每路以一重要关城命名，设关分守。西路的四路自西向东依次为：石塘岭路、古北口路、曹家寨路、墙子岭路。

每一路下常再分成两个更小的分区，每小区各统辖数座或十几座关寨，设官提调。古北口路下设两提调，一设在潮河川关；另一提调，明嘉靖三十六年（1557年），初设于古北口，明万历四年（1576年）改设于司马台。

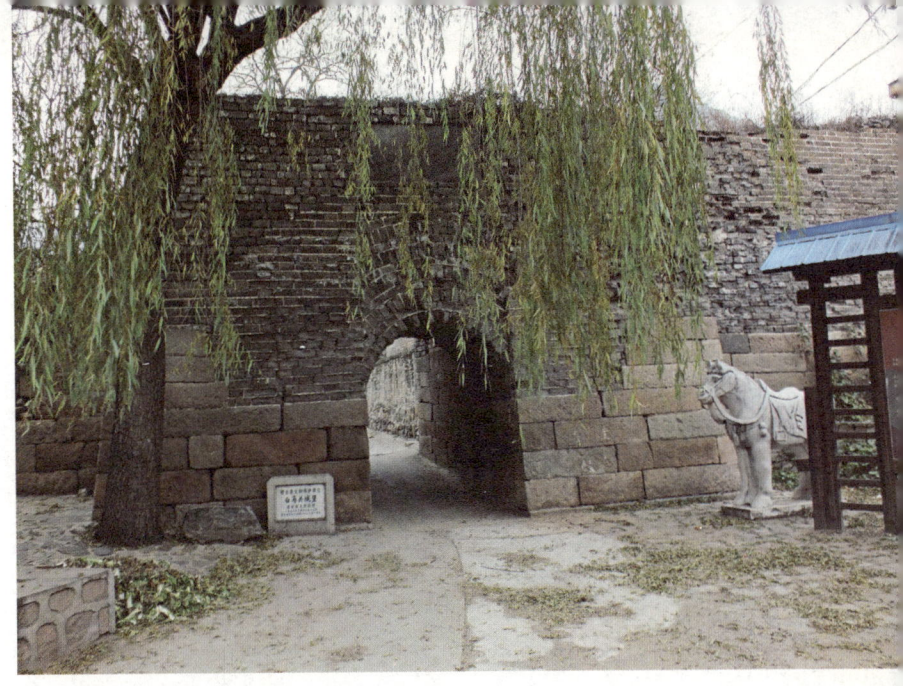

白马关

据万历初年编纂的《四镇三关志》载：古北口提调下属关寨有9座，自西而东为：古北口关、师坡谷关、龙王谷关、砖垛子关、沙岭儿寨、丫髻山寨、司马台寨、鸦鹘安寨、卢家庵寨。《三镇边务总要》中记录了各关寨间的里程。

平谷区明代长城，属蓟镇管辖，为蓟镇长城一部分。

密云明代长城段，属蓟镇西协管辖，西协下分设四路，自东向西依次为：墙子路、曹家路、古北口路、石塘岭路。各路都建有坚固的营城。四路是密云境内的4个主要关隘，各路都分别统领若干不等的大小关口和寨堡。

密云境内长城的具体走向为：从平谷区入密云境后，由大城子镇下栅子村起，往东北方向随山就势，起伏蜿蜒至新城子镇花园村（此段延伸长度约100公里），然后转折向西（稍偏北）起伏蜿蜒至冯家峪镇白马关村（此段延伸长度约125公里），由此再转向南（稍偏西），随山脊之势起伏蜿蜒至西田各庄镇西沙地村（此段延伸长度约85公里）出密云入怀柔境。

密云境内长城的大小关口共61座，从东到西分别为安营寨口、墙子路口、磨刀峪口、泉水河口、石灰峪口、小黄岩口、大黄岩口、姜毛峪口、苏家峪口、南水峪口、五虎门口、走马安口、镰钯峪口、芍香峪口、黑峪关、汉儿岭口、两道口、倒班岭口、齐头岩口、柏岭安口、师姑峪口、土墙、汤河口、沙岭口、龙王峪口、红门口、窖子口、砖垛子口、炮口子口、古北口正关、古北河口、古北口便门、鸽子洞口、黄榆沟口、七寨关、吊马河口、乍儿峪口、左二关、陈家峪口、东驼古口、西驼古关、大战口、响水峪口、红土峪口、白马关、北化石岭口、南化石岭口、杏树沟口、朱家峪口、孟思郎峪口、白崖峪口、冯家峪口、营城

大榛峪口

岭口、黄石崖口、鹿皮关、北石城口、南石城口、水峪口、白道峪口、牛盆峪口、小水峪口。以上大小关口,大部分已拆毁、塌毁或被水冲毁,所剩无几。

在密云境内长城内侧沿线建有明代大小各式城堡57座,自东向西依次为:关上堡、磨刀峪堡、墙子路城堡、杨家堡、令公堡、姜毛峪堡、吉家营堡、遥桥峪堡、曹家路城堡、黑谷关堡、水峪堡、大角峪堡、齐头堡、蔡家店堡、将军台堡、新城子堡、破城子堡、唐家寨堡、司马台寨堡、沙岭堡、龙王峪堡、砖垛子堡、古北口镇堡、古北口关瓮城、上营堡、潮河关堡、吊马寨堡、乍儿峪堡、蚕房峪堡、半城子堡、东驼古堡、西驼古堡、白马关堡、高家堡、下营堡、高庄子堡、石佛堡、冯家峪堡、上峪堡、白莲峪堡、西湾子堡、石炮沟南堡、石炮沟北堡、骠骑堡(马营)、石塘岭堡、北石城堡、南石城堡、水堡子堡、北白岩堡(南北两个城堡)、黑山寺堡、柏山驼堡、白道峪堡(南北两个堡)、大良峪堡、牛盆峪堡、小水峪堡。

怀柔境内的长城设有关口要塞21处,城堡23座,其中关口有:西水峪口、石湖峪口、撞道关口、鹞子峪口、二道关口、小长峪口、大长峪口、驼岭关、南冶口、大榛峪口、驴鞍岭口、磨石口、擦石口、贾儿岭口、慕田峪关、亓连关、神堂峪关、河防口、大水峪关、东北口和九眼楼口。城堡尚存:西水峪城、石湖峪堡、撞道口堡、鹞子峪城、黄花城、二道关堡、小长峪堡、坡堡、南冶堡、大榛峪堡、驴鞍岭堡、辛营城、慕田峪城、亓连关堡、长园堡、神堂峪堡、河防口堡和大水峪城。

长峪城

昌 镇

明嘉靖三十年（1551年），昌镇由蓟镇西端的镇边城、居庸关、黄花城三路另组而成。《长安客话》云："蓟、昌先本一镇，嘉靖三十年，始分为二，设提督都督一员，护视陵寝，防守边关，遂为昌镇。先年有专守都御史，无何罢不设，以归之蓟辽总督云。"

"昌镇东接蓟镇，大水谷，下亓连口地方，西接保镇沿河口下浑河地方，幅员不逾五百里内。居庸关、黄花镇、镇边城、慕田峪、灰岭口俱系冲地，虽宣、蓟为之屏蔽，紫荆借以声援，然外而扼控要害，内而拥护京陵，干系至重。"

门头沟区辖界之内的驻军，当时分属两个军事领导机构，即昌镇和真保镇。门头沟区境长城，在永定河左岸部分属于昌镇居庸关边城下辖。

昌镇的军事指挥机关设在昌平，负责防守永定河北侧，现在门头沟的大村、田庄、向阳口等地，曾设有两道隘口：方良口和白瀑沟口，是为昌镇下属的白羊城、长峪城、镇边城、横岭城4

座山间城堡的外围屏藩而设立的。

方良口：位于现在大村界内，当时曾建有正城一道、过门一座、东山墩一座。此口向北直达军事要地镇边城（今昌平区与河北怀来交界处），向南进入石港口巡检司（今青白口），此地山口宽阔，可以通车骑，战略位置险要。

白瀑沟口：位于现在雁翅镇界内，当初亦曾建有正城一道、拦马墙一道、南山墩一座。

真保镇

门头沟区境长城，在永定河右岸部分，属真保镇（又称保定镇）紫荆关沿河口、乌龙潭口分辖。辖界内驻军主要隶属于真保镇指挥。主要有两道军事防线，两个守备中枢，各自都建有若干关城、敌台、附墙台、烽火台、拦马墙、堑壕之类的军事设施。

以乌龙潭口为指挥中枢的第一道防线：最高军事长官是千总，归真保镇紫荆关参将府节制，下辖七口，包括现在门头沟区的王平口、泉水涧口、黑石崖口。其余四口均在现房山区界，即乌龙潭口、大峪口、圣水峪口、黄山店口。

乌龙潭口如今尚属门头沟区界内的关隘如下：

王平口关城：位于北岭王平口村西南的京西古道上，明成化年间修正城一道、过门一座、水门一空、守口官官廨一所。现在该村西仍有完整的关口一座，门洞宛在，其上书"王平口关城"。再向西行里许，又见该关城豁口，筑有城台，券洞城台已无，石墙豁口两侧石墙两段，南段紧贴陡坡，北段连接慢坡，墙长 20 米，墙体无砖，系夯土堆成，残墙高 3 米，厚 2.5 米。该地元代曾派

大寒岭关城

兵设防,明代为宛平县王平口巡检司把守,清为绿营兵平罗汛防地,设把总领兵驻屯防守。

泉水涧口:即今清水涧,明嘉靖四十三年(1564年)建有正城一道。

黑石崖口:即今东西石古崖一带,明嘉靖四十三年(1564年)建有正城一道。

当时除了这些关城之外,还曾在地势险要或交通枢纽通衢大道上建立关城。

峰口鞍(庵)关城:位于门头沟西口,海拔820米,因地形得名,为两峰夹峙,似乘骑马鞍之形意。现在关城宛在,其墙高5米,宽6米,门洞墙高4米,宽3米,进深6米。建关材料皆就地取材。

大寒岭关城：位于煤窝村的山岭上，京西古道由此经过，乃交通咽喉。元、明、清、民国均有军队驻防。该关城系用砖石砌垒，城台面阔13.5米，进深5米，高6米，券洞宽2.5米，高4米，门洞边用青砖发券，墙腰1.5米处镶嵌着青条石。关城西口有残破的瓮城垣墙，城台上原来的建筑无存，唯墙基残存。关城东北有毗卢寺遗址，有倒卧石碑一方。

牛角岭关城：位于王平地区韭园村东的山陵上，明代建。城门坐东朝西，灰石结构，青砖券边，青石腿子，门洞高7米，进深9.3米，宽4.3米。关城建在两山坡对峙之处，扼守"西山古道"要冲，在山石上直接起券，山石垒砌，体量较大，惜一侧已塌毁。明崇祯三年（1630年），明军与后金军曾在牛角岭展开激烈战斗。

以沿河城为守备中枢的第二道防线，共建有17座关口。

三汊沿河水口关：后建正城两道、水门二空、敌台五座，附墙台、南山烽火台、沿河城城垣及其一系列附属建筑。永定河上有水军巡逻，盘诘往来木筏船只。

石港口关：明景泰二年（1451年）建关，建有正城两道，东西过门一座，水门一空，巡检司置司于此。明嘉靖三十年（1551年），巡抚都御史艾希淳在《议处要害论》中云："石港口山腰上创筑墙垣大率低薄不堪，议增加墙垣。"

东小龙门口关：明景泰二年（1451年）在沿河口以西龙门沟口建关，有正城二道，东西过门二座，南山墩一座。

天津关：明景泰二年（1451年）建关，有正城一道、堡城一座、北过门二座、守口官官廨一座，附近黄草梁有明隆庆五年至明万历二年（1571—1574年）所建敌台七座，附近十里之遥有南山墩一座。迨至清末尚有额外外委领一哨人马驻屯防守其地。天津关南麓现存修路刻石，其旁残存明代石墙百余米，石墙东北高峰巨石上有石砌烽火台一座，刻石附近还有环以围墙的兵营遗址，明代官兵在此扼守要冲。山岩上刻文曰："时正德己卯（1519年）孟夏日，守口千户李宫修。"明代为加强京师的防卫，派兵部侍郎汪道昆等人主持修建黄草梁长城。

爨里口：明景泰二年（1451年）建关，有正城一道，旁有守口千户李宫于明正德十四年（1519年）孟夏修筑栈道一条。

东龙门口：明景泰二年（1451年）建关，建有正城二道、西北过门二座、官厅一所。

梨园岭口：明景泰二年（1451年）建关，有正城一道，西北过门一座，附近有南山墩一座。

天门关口：明景泰二年（1451年）建关，建有正城一道，东西水门三空。

洪水口：明景泰二年（1451年）建关，建有正城一道，过门一座，南北水门二空，有沿字空心敌台三座，敌台两侧石墙258.7米。

天桥关口：明景泰二年（1451年）建关。

乾涧口：明正德十年（1515年）建关，建有正城一道，明嘉靖六年（1527年）巡按御史胡效才在《预防虏患数略》中建议，给乾涧口等41口每口拨军20名（一哨人马）。

夹耳安口：明景泰二年（1451年）建关，有正城一道。

西小龙门口：明景泰元年（1450年）六月，监察御史郭仲曦向皇帝建议："西小龙门口等十五口，旧用碎小圆石垒砌，皆草庇不坚，今可重筑，宜在此修筑堡子，以便官军栖止。"皇帝准奏，明景泰二年（1451年）五月，左参将都指挥魏忠认为"天津关去龙门口六十里，本口山高险峻，天津关路通境外，至为紧要"，遂从小龙门口调都指挥佥事周晟来天津关驻屯戍守。

支锅石口：明正德十年（1515年）建关，建有正城一道。

滑车安口：明嘉靖二十四年（1545年）建关，有正城一道，敌台一座，该口旧属梨园岭口代管。守官驻扎20公里外之天桥关，照顾甚难，而滑车安口离天门关只7.5公里，与江水河西窑峪接邻，故明万历元年（1573年）巡抚都御史孙丕扬在《分布秋防兵马疏略》中建议，将滑车安口防务就近改属天门关兼管。

毛葫芦安口：明嘉靖二十八年（1549年）建关，建有正城一道。

恶峪涧口：明隆庆二年（1568年）建关，建有正城一道。

长城建筑

要修筑万里长城这样规模宏大而又艰巨的工程,在劳动力的调配、材料来源、规划设计和施工等方面都是相当庞大复杂的。在修筑长城的时候,劳动工匠和军事家们,在实践的基础上,创造了一种利用自然地形,在险要处修筑城墙、关隘和烽燧、烟墩、城堡等建筑物的方法,用以阻击来犯者达到防御的目的。

修筑长城的人力来源，大约有如下几方面：第一是戍防的军队，这是修筑长城的主要力量。如秦始皇时修筑长城，是大将军蒙恬在打退匈奴之后，以 30 万大军戍防并修筑的。它经过 9 年多的时间才修成。(《史记》上记载为 30 万，《淮南子》上记载为 50 万。）第二是强迫征调的民夫，这是修筑长城的重要力量。秦始皇时除所派蒙恬率领的几十万军队之外，还强征了大量的民夫，约 50 万。各个朝代修筑长城都大量强征民夫，历史文献上有不少记载，如北魏太平真君七年（446 年），修筑首都平城（今大同）南面的"畿上塞围"，即征发四州 10 万人。隋开皇三年（583 年）发丁男 3 万修筑朔方、灵武长城，开皇四年（584 年）又发丁 15 万修筑沿长城的城堡数十座。隋大业三年（607 年）发男丁百余万筑长城，大业四年（608 年）又发丁 20 万筑长城。由于丁男人口已经征发殆尽，最后连寡妇也被强征去修筑长城了。第三是发配充军的犯人，在秦汉时候，专门有一种刑罚叫作"城旦"，就是罚去修长城的人。据《史记·秦始皇本纪》上记载，公元前 213 年，秦始皇采纳了丞相李斯的主张，下令除秦纪、医药、种树等类书籍之外，民间所藏诗、书一律都焚毁。"令下三十日不烧，黥为城旦"，凡抗拒不烧书的，就在面上刺字涂墨后罚去修长城。城旦所罚，据《史记》集解引如淳曰："《律说》论决为髡钳，输边筑长城，昼日伺寇虏，暮夜筑长城。城旦，四岁刑。"就是说如果人被判为城旦之罪，剃了头，颈上加上铁圈，送去修筑长城。

白天还要轮流看守巡逻，夜间则修筑长城，是十分辛苦的。这种刑罚为期4年。

2000多年来中国古代劳动人民在完成万里长城这一伟大工程的时候，发挥了高度的聪明才智，不仅在规划设计上"因地形，用险制塞"，完成了设防的需要，而且在施工管理、材料供应、施工方法等方面都有着重大的发明创造，克服各种困难，完成了艰巨的任务。

长城经行的地带地理情况千变万化，高山峻岭、大河深谷、沙漠草原、戈壁滩石等都有长城穿越。因此，在修筑长城的时候，劳动工匠和军事家们，在实践的基础上，创造了一种利用自然地形，在险要处修筑城墙、关隘和烽燧、烟墩、城堡等建筑物的方法，用以阻击来犯者达到防御的目的。

"因地形，用险制塞。"这一条宝贵的经验是劳动人民从实践中创造的，秦始皇时已经肯定了它。以后每一个朝代修筑长城时都是遵循着这一原则的。试想假如不利用高山险阻修筑城墙，那将花费多出许多倍的人力与材料。如果不利用大河深谷作为屏障，而硬是平地筑墙，所费人力物力更无法计算。从现在长城的遗址调查中可以看出，万里长城是利用地形条件来修筑的，凡是修筑关隘的地方不是两山之间的峡口就是河谷会合转折之处，或是平川往来必经之道。这样既能控制险要，又可节约人力与材料。修筑烽火台、堡子等更是仔细选择地形，因地制宜而建。如唐杜佑《通典》上说"烽台，于高山四顾险要之处置之，无山亦于孤回平地置"，说明修建烽台应在高山之上，或孤旷的地方，便于四面观看。宋曾公亮《武经总要》上也记载,"每三十里置一烽,须在山岭高峻处",也是利用地形便于观望的意思。假如有山冈隔绝,地形不便的,就不能死限 30 里一烽,而要根据实际情况而定。但是一定要使烽火互相能够看到,才能达到传递军情及时援救的目的。这不仅说明要利用地形而且还说明了不要按死框框,要按实际情况而定的灵活性。至于修筑城墙利用地形,处处都是。如居庸关、八达岭的城墙都是沿着山脊修筑,因为山本身就好似一道大墙,再在山脊上修筑城墙就更加险峻了。而且在修筑时更注意到利用山脊的崖壁来修筑城墙,有的地段从外侧看去长城非常陡险,但里侧却较平缓,因外侧是御敌而内侧则是防守士卒上下的。有的山脊外侧巨石悬崖本身即可防御,长城修到这种地方即利用原来的悬崖巨石或陡坎险坡稍加平整即成险阻。汉元帝时的郎中侯应说:"或因山岩石,木柴僵落,溪谷水门,稍稍平之。"还有十分高峻的悬崖,长城到此也就中断,因为像这样的悬崖是不可能上人的,不用修城墙了。利用大江大河、深谷作为天然屏障与人工长城配合使用的例子还很多,总之使它能够达到防御的目的就可以了。

长城修筑工程的施工管理是一项十分复杂的工作。由于长城绵延万里,工地很长,施工管理更为复杂。当时所采取的办法是与防守任务相统一,即采用分区、分片、分段包干的办法,如汉朝河西四郡(武威、张掖、酒泉、敦煌)的长城就是由四郡的郡守负责各自境内长城的修筑,郡再把任务分到各段、各防守据点的戍卒身上去。当然再大的工程和关城的修筑则要由郡守调集力量去修。中央政权也从全国各地征调军队和募集劳动力到重点地区去修筑。明朝的时候，沿长城设 11 个重要的军事辖区"镇"来管辖长城，同时也担任辖区长城的修筑和维护。如山海关外辽东镇长城就是由提督辽东军务王翱、指挥佥事毕恭、辽阳副总兵韩斌、都指挥使周俊义以及张学颜、李成梁等在任辽东镇军事首领时相继修筑而成的。从山海关到居庸关的长城沿线的上千座敌台是戚继光任蓟镇总兵时相继修筑的。至于分到某长城的一段或一处烽台、烟墩，也多用包干修筑的办法。

在八达岭长城上，发现了一块记载明万历十年（1582 年）修筑长城的石碑。从这块石碑中可以看出军队是修筑长城的主力，是用分段包修的方法来施工的。

利用巨石修筑的八达岭长城

碑文如下：

"钦差山东都司军政佥事、轮领秋防左营官军都督指挥佥事寿春陆文元，奉文分修居庸关路石佛寺地方边墙，东接右骑营工起长柒拾五丈二尺，内石券门一座。督率本营官军修完，遵将管工官员花名竖石，以垂永久。

管工官：

中军代管左部千总济南卫指挥　刘有本

右部千总青州左卫指挥　刘光前

中部千总济南卫指挥　宗继光

官粮把总肥城卫所千户　张廷胤

管各项窑厂、石矿办料署把总：赵从善、刘彦志、宋典、卞迎春、赵光焕

万历拾年拾月　日鼎建"

明万历七年（1579年）的一个石碑

从这块石碑中可以看出这一段包修工程用了几千名官兵，加上许多民夫才包修了 70 多丈（约合 200 米）城墙和一个石券门，可以想见工程的艰巨。这一批包修工程的官兵是从山东济南卫、青州卫、肥城卫所等处调来。

关于修筑长城的建筑材料，在没有大量用砖以前，主要是土、石和木料、瓦件等。需用的土、石量很大，一般都就地取材。在高山峻岭，就在山上开取石料，用石块修筑；在平原黄土地带，即在当地取土，用土夯筑。在沙漠地区还采用了芦苇或红柳枝条层层铺沙的办法来修筑，如新疆罗布泊与甘肃玉门关一带的汉长城。修筑的方法是铺一层芦苇或红柳枝条，上面铺一层沙石，沙石之上再铺一层芦苇或红柳枝条，这样层层铺筑，一直铺砌到五六米的高度，芦苇或柳枝的厚度约 5 厘米，沙石的厚度约 20 厘米。若修 5 米高的城墙就要铺到 20 层左右的芦苇柳枝和沙石。在东北的辽东长城还有用编柞木为墙、木板为墙的，充分说明了我国古代劳动人民采用因地制宜、就地取材的办法。

明朝的长城在许多重要的地段采用了砖石垒砌城墙，所用的建筑材料更多了。除了土、石、木料之外，还需用大量的砖和石

城砖

灰。这些建筑材料也是就地采石烧制。平时沿长城士卒注重种树，修筑关城和堡子、敌台房屋用的木料也就近采伐。如果近处没有可供采伐的林木，就要从远处采运。在每一段分工修筑的施工组织中还专门设置了办料的部门和石场、窑厂。如在居庸关、八达岭发现的石碑上就记载各项窑厂和石场办料的名称。而且这些部门的人员为数甚大，可以看出当时修筑长城备办建筑材料的任务是很艰巨的。

  修筑长城的施工更为艰巨。旧时的长城沿线，不是高山深谷，就是沙漠草原，又没有先进的施工机具和运输工具，施工之难可想而知。如居庸关、八达岭长城砌墙用的条石有的长达3米，重1000多公斤。而长城随着险峻的山脊修筑，坡度十分陡峭，游人徒手上城还感到十分吃力，当时修筑的人们要把十分沉重的大条石和一块就有数十斤重的大城砖以及大量的石灰运上山去，其困难可想而知。

  砌筑城墙墙身的条石先要"找平"，层层条石，每层都要平砌，不能紊乱。这样才能使受压面的压力均布，不致产生塌陷。游人在居庸关、八达岭所见到的长城，只见长龙起伏于山岭之间，但是每层墙身的条石都是平行的。其次要"顺势"，即城墙要顺着山岭起伏弯曲的形势，这样利用山脊作基础，使之坚固，而且也便于防御。但有些十分陡峭的地方只能垂直斜砌了。

  城墙先砌两帮，即把基础打好后，画出外线，把条石层层上砌。然后层层填厢并夯实，砌到规定的高度之后便铺砖砌垛口。城墙墙面和砖砌垛口有两种砖砌方法：一种是斜砌，一种是梯状平砌。

一般在坡度不大的墙面可用斜砌，超过45度的坡度，就分成梯道平砌。在山海关外有一段非常陡峭的长城墙面作双重梯级，即把墙面分作许多大梯，有的高1米，有的高达2~3米。在大梯之内又砌小梯级供人上登。

运输是修筑长城施工中的重要问题，怎样把大量的土方、石灰、大条石、大城砖运上山去，修筑工匠们想出了许多办法。

根据记载和传说，搬运建筑材料上山方法大约有以下几种：

（1）人力搬运。这种方法是最原始的方法，用人背、肩扛、筐挑、杠子抬等方法把大量的城砖、石灰、石块搬运上山。当时的人们还采用了传递的方法，把人排成长队，从山脚下或已修好的一部分城墙上排到山脊上，依次把城砖和小石块一块块传递上去，把石灰一筐筐、一挑挑传递上去。这种传递运输的优点是减少来回跑路和减少来回的人互相碰撞，提高运输的效率。

（2）简单机具运输。除了人力运送之外，当时已经利用了简单的机具，如手推小车，这是用在比较平缓的山坡。修筑关城和堡子等平地建筑时就更多地利用了推车。在运送上千斤的大石上山时还采用了滚木和撬棍，并且在山上安置绞盘把巨大石块绞上山脊。在跨过深沟峡谷运送砖瓦和石灰时，还采用了"飞筐走索"的办法，即把砖瓦石灰装在筐内从两岸拉固的绳索上滑过去，大大地节约了劳力。

（3）利用动物运输。传说在八达岭高山之上修筑长城的时候，曾经利用过善于爬山的山羊和毛驴，把盛满了石灰的筐挎在毛驴背上赶驴上山。在山羊身上系上城砖把山羊轰上山去代替人力运输。总之想尽了一切办法利用一切条件来修筑长城。

但是大量的运输和修筑工作都靠人力来完成。长城上的一砖一瓦一土一石都浸透了古代劳动人民的血汗。长城这一雄伟工程充分表现了我国古代建筑工程的高度成就，表现了我国古代劳动人民的聪明才智。

长城的主要用途是防御和守望，因此它的布局和构造都是为了这一目的而安排的。

长城的总体布局，绵延万里好像是一条线，然而它并不是一条孤立的线，而是一个防御网体系。它不仅起着抵挡敌人的作用，而且与周围的防御工事、政权机构（郡、县等）密切联系，以至与统治中心、王朝的首都联系起来。长城沿线的每一个小据点都通过层层军事与行政机构和中央政权机构相联系。

各个朝代长城的防御系统的名称有所不同，但其职能基本一样。以明长城为例：

长城的建筑与长城的军事防御体系布局是相适应的。明朝的长城军事防御体系为：第一，是中央政权的军事机关兵部（或其他由皇帝设置的军机部门）奉皇帝之命掌管长城沿线以及全国的军事。作战时由兵部尚书（相当于国防部长）出任总督军务，或另派大臣总督军务。有时皇帝还亲自"出征"。这一机构当然设置在首都城内。第二，是在长城沿线所设的军事管理区——"镇"。据《明史·兵制》记载，终明之世，长城的防御力量很强，"东起鸭绿，西抵嘉峪，绵亘万里，分地守御，初设辽东、宣府、大同、延绥四镇，继设宁夏、甘肃、蓟州三镇，而太原总兵治偏头，三边制府驻固原,亦称二镇"。一共9个镇。每镇设总兵(又称镇守),指挥本镇所辖长城沿线的兵马,平时守卫本镇长城,有警时受兵部或皇帝所派大臣的指挥,救援其他镇的防务,每镇的兵员在10万人左右,随着长城防守的需要时有增减。如明隆庆年间宣府镇额兵151452名,大同镇额兵135778名。九镇兵员共100万人上下。镇的总兵所驻地点大多在长城沿线较大的城镇。第三,有些镇在总兵之下又按实际情况分设几"路"防守(明朝初年所设"驿"与"路"相近)。"路"的军事头目一般以守备任之,所驻地点大多在重要的关城。如明朝的山海关路,管辖附近数十处关隘,守备即驻在山海关城内。第四,为关城和隘口,这是长城线上的重要据点。管辖附近一段长城的巡防,并支持相关关隘的防务。重要的关口设守备把守,次要关口设千总把守。守备兵额无定员,根据文献记载:山海关、居庸关、嘉峪关守备所辖兵员均在数百人至千人。第五,是堡或小城。这是长城防线上的基本单位。有沿长城的堡,还有长城内外纵深排列的堡。堡内有烽火设备,并驻有守兵,设百总或把总把守。守兵数目由数十人至百人左右,看地形而定。第六,是烟墩或墩台。也叫作烽火台,是专门用来传递军情的,台上也有较少的守兵,敌人逼近时进行抗击。第七,是敌台或敌楼,是跨建在长城城墙上的台子。上面可住人巡逻,眺望和打击来犯的敌人。视台大小可驻守兵数人至上百人。

以上七等长城防御系统的军事力量配置和长城建筑是互相配合一致的。彼此互相配合制约、联系,成为一个有机的整体。

墙 体

墙身 是长城墙体的主要部分，高七八米，山冈陡峭的地方低一些，平坦的地方高一些。城墙内部比较低，外部比较高。墙基宽约 6.5 米，顶部只有 5 米多。在墙身内部的一面，每隔不远就有一个券门，有石梯通到墙顶，守兵可由此上下。墙身都是用整齐的条石砌成的，内部填满土石块，非常坚实。

城墙顶部，用三四层砖铺砌而成，面上的一层是方砖，用石灰砌缝，砌得十分平整坚实。陡峭的地方砌成梯道。靠内部的一面，用砖砌成高约 1 米的宇墙。靠外的一面，则用砖砌成高近 2 米的垛口。每个垛口的上部有瞭望口，下部有射洞。城墙墙面还有排水沟和吐水嘴等。

城墙的结构由内檐墙、墙芯和外檐墙构成，这三部分的用料不同。檐墙有内外全用城砖、内外全用石块和外檐墙用砖而内檐

瞭望口　　　　　　　　　射洞

墙用石块三种情况。

明代称长城为"边墙"。边墙的顶部筑有马道、垛口和宇墙，有的边墙顶部内外两侧分别砌有宇墙、垛墙，有的地段只有外侧筑有垛墙，有的地段还在马道上砌筑了步步为营的障墙。在宇墙、垛墙及障墙上均设有上下1排~3排的射孔，重要墙段的外侧垛墙基部还设有溜道，敌人兵临城下时，向敌兵滚放石雷，或由上向下射箭。

明代砖石长城大体按三个等级修筑：一等边墙，大部分修在要塞部位，以方条石为基座，墙身用砖包砌或条石垒砌，墙心填毛石，墙顶部垛口和女墙一律用砖砌成。二等边墙墙身外侧用砖和条石砌筑，墙心内用毛石填体，内侧作虎皮石墙面，白灰勾缝，砖砌垛口和女墙、顶部砖墁。三等边墙，多就地取材用一般毛石砌筑，两侧作虎皮墙面，墙的厚度断面及顶部做法据地形而异。

"单边墙"是当地群众的习惯叫法，它与城墙的区别就在于它仅是一堵薄墙。单边墙砌筑在山势极险，山脊高耸而薄，并且边墙外侧也没有人马通道的地段，它是限于地形迫不得已才采取的建筑类型。

垛墙 又称雉堞，是城墙或防御工事上所筑连续凹凸的矮墙。设于马道外侧和敌台四周，用砖砌成。垛墙基厚40~80厘米。上半部开垛口，垛口宽37~55厘米，间距2~3米。墙下部8层砖，上部垛口7层或8层砖，外加一层封顶砖。每个垛口上部都有一个小口，叫瞭望口。垛口的下部有一个小洞，叫作射洞。在重要地段的垛墙下部砌礌石孔（不是所有城段都有），与垛口相错排列，

司马台最窄单边墙

垛墙

1~2个垛口下砌一礌石孔。礌石孔内口高、宽约50厘米。它的砌法比较复杂,其内口下半是砌墙时预留的方孔,上半用异型砖拼成券状砖脸。外口上檐方石盖板,盖板内侧凿出弧形缺口,外侧凸出墙面成为垛墙外壁的一层拔檐。外口之下的外檐墙面上砌有圆弧形的凹槽溜道。不论石墙还是砖墙,溜道都是用异型砖拼砌的,长度0.85~2米,都上深下浅,过渡极为平滑,利于滚石击敌。

垛墙通高1.5米左右,墙顶和垛口上再加一层预烧的(断面呈顶角较大的等腰三角形)封顶砖,该砖宽等于垛口顶宽,上面做成两面坡状,极个别的垛口用垛口石,垛口石上面中间有一盲孔,深度较浅,为放置火铳一类武器的支架孔。

宇墙 又名女墙或女儿墙,是城墙上的一种矮墙,设在马道内侧,起护栏作用。只有重点地段有宇墙,其中还有些地段内侧不设宇墙。多数宇墙以砖砌成，基厚 38~46 厘米不等，同一地段的宇墙总比垛墙稍薄些。高为 1.2 米左右，另加一层封顶砖。多数宇墙面上布三排射孔，上下两排相对，中层孔与之相错排列。各城段射孔的疏密明显不同，上、中层外孔径 20 厘米左右见方，内口上檐和左右两边，在不同的地段内砍磨成不同形式的斜口内敞 45 度左右。下层射孔内外口都加异型砖拼成券状砖脸，孔口大于中、上两层，它的下口开在马道海墁之下，兼有排水口的功能。

马道 就是城墙的顶面，城墙随山势起伏连续砌筑时，马道也形成连续曲面。这些曲面大都用素灰浆砌砖做海墁地面。做法是：先以素灰做找平层，然后用城砖砌 1~2 层海墁垫层，垫层之上铺墁层面，层面砖为 37~38 厘米边长的方砖。砖缝用石灰浆勾作十字缝。各城段马道均向内檐有所倾斜，为泛水所置。

山势过陡的地方，马道有两种处理方式（有砖也有石结构），一种大致与"天梯"相似，即将马道分成内外两部分，外侧筑成大阶台式宇墙或垛墙，内侧砌成踏道以便上下。另一种是将马道全部筑成踏道。马道最宽处可达 4.5 米，可容五马并骑，士兵十行并进。

障墙 即城墙"天梯"式马道上，沿大阶台边垣建造的与外檐垛墙垂直相接的薄墙。其形制、高度与做法都与宇墙相似。它居高临下，朝向马道的低谷方向，显然是为了防御已进入墙上或边墙内侧面的敌人设置的，有障墙的城段不多。

登城道与便门 是军士们上下城墙的通道，都设在边墙内侧。登城道均附砌在边墙内檐，都是单坡，登面设踏道，踏道宽 1.6

古北口五里坨长城障墙

米左右，外侧原来可能砌有扶手墙。大多数登城道都设在靠近敌台的地方，少数设在两台之间。边墙内侧地势很高的地方，可直接登城，不设登城道，有的仅在宇墙上开一个缺口或砌一个便门出入，便门内砌踏道登城。便门开在内檐墙下部，大部设在空心敌台台门前的甬道最低处，这是供军士上下城墙的通道口。便门都是砖门口，外窄内宽，外口宽 1~1.14 米，高约 2 米，门口深即等于内檐墙厚。门口上部、外口均为砖发券，内口有的是发券，有的用过木，下部多为过门石。门道内侧均砌有门闩孔，可见便门内口原是安装门扇的。便门内侧砌踏道登城。

关门贯穿边墙内外，是边墙两侧的甬道，它们均设在敌台脚下，并临近登城道，多数关门设一门洞，供人出入边墙，也有的关门走人走水通用，也有的设两个以上门洞，一洞走人，其他门洞走水，如古北口关，光水门洞就有 3 个。关门均设有过门石、门轴孔和门闩孔。顶部结构变化多样，多数为砖拱券，也有用石拱的。对整个关门来说，石砌的较多，也有都用砖砌成或上砖下石砌筑的。

排水设施有排水沟和排水洞。为防雨水对城墙的侵蚀，一般每隔 50 米在马道上横砌一条排水沟，接伸出墙外的石槽吐水嘴，将雨水排出墙外。排水小洞设在城墙脚下。

城 台

城墙上每隔一定的距离（250~500米，看地形的情况而定），有一个墙上凸起的台子，这种台子分为3种。

墙 台

又称马面附墙台，为城台的一种，是巡逻放哨的地方。它设置在城墙中，呈方形。大多与城墙马道和垛墙等高。设垛口、瞭望孔和射击孔，可三面杀敌；还可消除射击死角，消灭墙脚敌人或以云梯攀登攻城的敌人。墙台是实心台，台面与城墙顶部高低差不多，只是突出于墙外数米，外边砌有垛台，台上还筑有简易铺舍三间，叫作"铺房"。

敌 台

分上下两层，下层有许多砖砌的小房间，可容十余人住宿，上层有射击和守望用的垛口。有的敌台上还有燃放烟火的设备。

战 台

设在比较险要的地方，里面可储存弓箭、火药和枪炮等武器。

烽火台

也称烽堠、墩堠、狼烟台、烟墩等,是用以传递军情的建筑。如遇有敌情,白天燃烟,夜间举火。烽火台是长城防御系统的重要组成部分,它是一个单独的高台,一般建在高山之巅,长城两侧和营寨附近,作为长城的前哨信号站。台子上有守望的铺房和燃放设备,建筑材料同敌楼一样,为砖石结构。

烽 燧

汉朝建立的烽火台叫作烽燧,是长城的基本防守据点。从史书记载和在烽燧遗址发现的汉简的文字上可以了解到,烽燧的任务大体有4项:一是防守所在烽燧的安全,了解敌情,传递消息,

居庸关城外烽火台

这是首要任务;二是保卫屯田;三是检查并保护过往的客商使旅;四是支援附近地区的防务。每燧有燧长一至数人。燧卒中必须经常以一个人轮班守望,其余的人从事别的防务活动和积薪、炊事等杂务。烽燧是用土石筑成的高台子,台上有一个高架子,挂一个笼子,里面装干柴枯草,夜里若有敌人来犯,就点燃它,发出火光作为信号,这叫作"烽"。另外还堆积许多准备燃烟用的柴草,叫作"燧"。白天燃燧,夜里举烽。敌人的多少和军情的缓急不同,可用燃燧和举烽的不同次数来表示。用狼粪作燧,点燃的烟能直上云霄,很远也可以望见。所以烽火台也称狼烟台。

烟墩

明朝称烽火台为烟墩,烟墩大多是用砖石砌成,点烽时加用硫黄、硝石等助燃,放烟时还同时鸣炮。明成化二年(1466年)规定:敌兵百余人左右,举放一烟一炮;五百人,举放二烟二炮;千人以上,举放三烟三炮;五千人以上,举放四烟四炮;万人以上,举放五烟五炮。各烽火台辗转传递军情,这样,即使远在千里之外,也可在几小时内快速得到消息,而且可以从燃烟、炮声的次数,得知敌人的大致数量。

烟墩

敌楼内部

敌台（敌楼）

敌台是长城线上进行防御活动的据点。一种建于城墙上，并突出于城墙内外两侧，称为骑墙敌台。其尺寸，外侧为5~6米，内侧2~3米，分上下两层或三层。它是明隆庆二年（1568年）时任蓟镇总兵官戚继光创建，由真保镇守军仿造。它下有墙，门洞设在里侧，以便守军上下。上建房屋以住兵及贮存武器、公物等军需供给品。另一种是独立建筑，设在关隘口或险要处。

按其用途可分为战台和烟墩；按其结构又可分为普通敌台和空心敌台（敌楼）两种。

普通敌台　在长城城墙上，相隔不远就有一突出墙外的台子叫敌台，其台面高度与城墙差不多，外侧砌有垛口，在敌人逼近城墙时，便于向敌攻击，在作战功能上有很大作用，亦是平时哨兵巡逻放哨的地方。

空心敌台　空心敌台高出城墙，有两层或三层，里边可居住守城士兵，亦可储存粮食和武器，亦称作敌楼。

平谷的敌台

平谷的敌台有普通敌台47座，全部为石筑。一般为宽6~10米的方形，高2~3米。有极少几座为圆形，大部分骑墙突出墙外。黄松峪关东侧有一座保存较完整的圆形敌台，直径8.5米，残高2.5米。

平谷区的敌楼，一般基础为大块条石，抹以白灰垒砌，上为砖筑，每侧3个瞭望窗口，一侧有门。一般建在城墙上，也有的建在城墙外侧或内侧。根据不同的地形条件，有的地段几十米设一敌楼，有的地段1000多米设一敌楼。全区共有敌楼65座，保存较好的有5座。四座楼山敌楼建于明代，位于平谷北部海拔1067米的四座楼山上。4座敌楼东西排列，楼之间有城墙相连，间距约80米。4座敌楼的形制相同，均为正方形，两层三眼，券顶，砖石结构，基础为大块条石，上为砖筑，东西各有一门与城墙相接。通高10米，上口长11米，底长12米。最东端一座20世纪70年代被拆毁。现存3座，顶部均有不同程度的损坏，外墙有剥落。

密云的敌台

密云境内共有敌台666座,其中空心敌台611座,其余55座为石砌的普通敌台。空心敌台是蓟镇军民创造的一种建筑类型,它的出现,极大完善了长城的防御功能。正如参与创造的蓟镇总兵戚继光所总结的:"先年边城低薄倾圮,间有砖石小台与墙各峙,势不相救。军士暴立暑雨雪霜之下,无所藉庇。军火器具如临时起发则运送不前,如收贮墙上则无可藏处。敌势众大,乘高四射,守卒难立,一堵攻溃,相望奔走;大势突入莫之能御。今建空心敌台,尽将通人马冲处堵塞……两台相应,左右相救,骑墙而立。造台法:下筑基与边墙平,外出一丈四五尺有余,内出五尺有余。中间空豁,四面箭窗。上层建楼橹,环以垛口。"以上文字说明空心敌台有两大特点:一是建台位置绝大多数骑墙;二是建筑形式为空心。所有的敌台平面都是顶部小,底部大,墙体有收分。

基座

自中层室内地平向下的部分为基座。大部分敌台基座与中层在外观上并没有明显界限。极个别敌台中层部分的周长明显小于基座,也有个别敌台在基座和中层分界处加1~2层平砖拔檐或3层棱角檐砖檐。

空心敌台基座的做法基本上是一致的。首先用方整石荒料作基础层,基础露明部分一般为2~3层,但在坡度陡的地方,敌台外露的基础有的厚达4米左右。基础之上(也有从地皮起就用条石的),有的敌台是直接在基岩上,用经花锤加工的石条,以素灰层层铺砌，高度从较大的高差石砌体之上再用素灰砌筑城砖来完成基座。城砖都砌水平缝，竖缝均作一丁一顺排列，多数基芯用毛石散填，也有的用灰土夯实。大约 2/3 的敌台基座上端平面是正方形或接近正方形。边长 9~11 米，其余平面为矩形，矩形短边与边墙相连，短边长 7.5~10 米；长边长度因地势而异，各不相等，最长可达 14 米左右。多数敌台四周均为严实的墙面，也有个别敌台从长城内侧的敌台基座墙面上设一台门，通过单向的楼梯券道，进入中层平面。

空心敌台中层建筑形制及结构

自基座以上至上层平面以下为敌台的中层建筑部分。其上端平面外表四周均加砖檐凸出檐面，多数为 3 层砖的菱角檐，也有极个别的是 5 层砖的双菱角檐，还有极少数的是出一层砖鸡嗉檐，还有极个别的是凸出一层薄石条檐（如鲇鱼顶的编号楼）。各敌台中层建筑的外观均极相似。四边均为砖砌厚墙，水平横缝，竖缝一丁一顺排列，在宽 1.2~2 厘米的砖缝中勾有饱满的素石灰，大部分敌台四壁上均开有数量不等的箭窗，箭窗上口是二券二伏的砖券脸，个别的用一券一伏，左右两边经常用砍磨过的砖，砌成向外敞开的 45 度坡口。箭窗宽 60~70 厘米，高度在 80 厘米以下（不包括券高）。在密云境内，敌台面阔设 1~6 个箭窗不等，大多数敌台前后设箭窗数相等，根据箭窗多少当地百姓称一眼楼、二眼楼……六眼楼，以三眼楼居多。在古北口蟠龙山城段内，有 2 座敌台 4 面各设 6 个箭窗（其中有 2 个台门），上下两排，每排 3 个（中层建筑为两层），当地百姓称二十四眼楼，也称双层

蟠龙山的二十四眼楼

楼子。与边墙相连的两面（以下称进深面），大部分敌台开有台门与马道相通，台门宽70~90厘米，通高1.8~2.2米。台门外口有3种做法，第一种是砖门口，上端发砖券。第二种是石门，门左右立角柱石，柱上平置腰线石，腰线石上砌石券脸。券脸多用3块石料拼成。有的券脸或石门口的其他部位还雕刻浅浮雕的西番莲花等图案。门下口有石门槛、门枕。第三种是上砖下石或上石下砖的混合做法。不管哪种做法，台门口均置有门肘孔和门闩孔。密云境内敌台的台门，设置在连接马道面敌台正中的居多，台门两侧各设一箭窗。也有的台门设在敌台进深面靠边墙内侧的边上，靠边墙外侧的进深面上设置1~3个箭窗不等，也有的进深面上只设一台门而不设箭窗。还有的台门不设在进深面，而设在边墙内侧的敌台面阔上，如鹿皮关南二楼。

空心敌台中层内部建筑结构有木梁和砖拱两种结构。大部分木梁结构的中层，按纵横四路轴线排列木柱，其中外侧四周 4 条轴线上的木柱分别深入到四壁内侧，木柱把室内空间分为进深、面阔各 3 间。柱底多为古镜式柱础，柱顶端置木梁，木梁一般垂直于边墙走向。连接每逢梁架的横向构件是地板枋，它很密地排列在梁的上方，木地板枋上铺很厚的木板，木板上用两层砖作海墁地面，地面沿敌台纵轴线中间凸起，向内外两侧泛水。密云境内还有几座为数不多的中层为二层的木结构建筑的敌台（如前面所说的二十四眼楼）。目前凡木结构的敌台，顶部和木结构均已无，只剩残壁、柱孔、柱础等。

中层结构为砖拱结构的敌台占大多数。按照砖拱的形状和中层平面的安排方式，砖券结构的中层建筑可以分为两种类型：第一种是单纯以一个或纵联 2~4 个（或 4 个以上，因无全面考察）筒拱为主要构造形式的类型，也有四周纵横联 4 个筒拱，中间顶部为木结构或船篷、穹隆等其他砖券顶构造形式的。因筒拱似船篷，当地百姓称这种顶为船篷顶。因箭窗数量和位置不同，顶部纵横联或纵联筒拱的样式较多。第二种是中层建筑中央安排较大中心室的类型。中心室的平面形状和砖拱形式也不尽相同，有的顺长城走向安排一个大筒拱，极少数大筒拱也有与长城走向垂直安排的。另外，中心室的砖拱顶还有四角攒尖顶、八角藻井顶、覆斗式穹隆顶和底面为八角形底穹隆顶等几种构造形式。

砖拱结构中层四壁内侧，均开有窗龛或门道，它们的位置大体与筒拱的两个端面和过门洞相对。中层室内地面一般为方砖铺墁，大部分作十字缝铺法，也有横、顺铺错缝的，砖趟方向比较灵活；个别敌台铺墁成不同花样。自中层通向上层建筑，一般情况是在中层建筑顶部开一个矩形的梯井（个别有设砖梯磴的，大多数不砌梯磴），少数也建有两折的或单向的楼梯券道，楼梯砖石质均有。多数梯井设在室内筒拱的一端，也有设在筒拱中间的。

中层平面的形式多样，当地的俗称很多，如：口字形、长方形、日字形、目字形、川字形、回字形、田字形等，还有些形状无法简单形容。

空心敌台的上层建筑结构

密云地区空心敌台的上层一般都建有望楼，本地区还称铺房、望房、望亭等。望楼分两种结构，一种为砖木结构，一种为砖拱建筑结构。砖木结构的望楼居多，分3种主要的平面位置形式：第一种为一间房形式，第二种为三间房形式，第三种为三间房前出廊形式。目前，砖木结构的望楼均已塌毁，从墙体、柱础、柱孔、砖瓦饰件、吻兽等遗存来分析，此类望楼与明代其他庙宇等古建筑没有太大区别。均面朝边墙内侧，前面置坎墙及木装修，砖墙体一丁一顺做法，大木架立贴抬梁，硬山顶，顶部覆瓦，调大脊，前后出水。砖拱建筑结构的望楼很少，该种望楼的四周砌砖墙，前面设一门二窗，后面中间设一门，也有的后面不设门，顶部按边墙走向砖券一大筒拱，筒拱两端为山墙。顶上按筒拱轴向调脊，前后两坡覆瓦，与砖木结构望房上顶一样。只是椽头、连檐、瓦口等改为砖饰。有的有飞椽砖饰，有的无飞椽砖饰。

上层建筑四周的垛墙，与边墙垛墙形制没有明显区别，通高在 1.5~2 米，以 1.6 米高的居多。各敌台上层垛口极个别的设 3 个垛口。平面为长方形的，其长边一般设 4~7 个垛口。垛墙上设上下两排射孔，射孔形式多种多样。四周垛墙基部设 2~4 个石质出水嘴，把雨水送出墙体以外落地。出水嘴有置四周的，也有置对称两侧的。

值得一提的是，有些敌台在望楼内檐明间相对的垛墙位置上砌有影壁墙，有的影壁墙长略等于望楼明间面阔（如司马台东 12 台），多数影壁墙长与望楼无明显关系。影壁下部有砖砌的低矮须弥座，上部有瓦顶。多数影壁都是素墙心，估计原有抹灰；个

射孔

别影壁心嵌有砖雕。

密云地区的几座有特色的敌台

"麒麟影壁"敌台　该敌台位于司马台长城西端（西13台），为空心骑墙敌台，城墙基本上为东西走向。地势南低北高，基座下部由6~10层条石水平缝层层铺砌，上部用城砖水平缝层层铺砌，竖缝一丁一顺排列。砖、石均用白灰黏结并勾缝。中层建筑为砖拱结构，顶部四周各为一个筒拱，拱端相互连接，中间设中心室，顶部是底为八角形底穹隆顶。中层平面为田字形，方砖错缝铺地顺铺。中层南北面各设3个箭窗，窗外口敞、砖砌，上口二券二伏，箭窗通高1.15米，宽0.6米。东西面各设一门二窗，门居中，门口通高1.97米，宽0.9米，门口两侧立角柱石，石上各卧腰线石，门上口3块券石拱成券脸，下部过门石、门枕为一石。台门和箭窗内均有门闩孔、门肘孔等两扇门窗的开关装置。南面筒拱西端设梯井，井口矩形1.7米×0.7米。上层望楼平面为3间前后出廊式，砖木结构。通面阔6.53米，通进深5.8米，望楼北面只设一门，南设门窗坎墙，上层地面方砖铺地错缝顺铺。上层四周各设4个垛口，垛墙高1.6米，与内檐明间相对的垛墙位置上，砌有砖影壁。影壁下部砖砌51厘米高的须弥座，上为瓦顶。壁心外面用15块方砖拼雕出麒麟浮雕。影壁通高2.13米，通宽2米。壁心高1.02米，宽1.8米。该敌台中层平面南北宽9.8米，东西长10.35米，上层平面南北宽9.6米，东西长10.05米，上层顶部以下至地面通高11.5米。

奇特的"编号楼"　密云境内目前只发现两座编号敌台，均位于石城乡西湾子大队鲇鱼沟西北方的山脊上。下面重点记述"后白后浒沟五十二号台"的形制结构。该台坐落的山脊呈东西走向，因内（南）侧为无处可登的悬崖，所以此处未砌边墙。该敌台基座下部为石条，上部为砖砌，高差较小。中层为砖拱式结构，顶部四周各券一个筒拱，拱端相互连接，中间顶部券有两道较矮小的小筒拱，垂直相互交叉，呈"十"字形。中层地面方砖铺墁，室内西北角的砖柱墙上，向东上方砌有砖质楼梯券道，券道上2/3处有一平台，平台以下券道较陡，平台以上较平缓，上口开于望楼东次间内。中层南北两面各设3个砖砌箭窗，窗口外敞45度，上口砖拱二券二伏，箭窗外口通高1米，宽0.6米。

中层东西两面各设一门二窗，门居中，窗与南北面同，门口两侧立角柱石，角柱石上各卧腰线石，上口为砖拱二券二伏，下部过门石、门枕、门槛为一石。台门外口宽0.7米，通高1.7米。门窗内均有门肘孔、门闩孔等两扇门窗的安装设饰。中层顶部外面四周突出一层条石拔檐，石厚约10厘米，上层望楼平面为三间前出廊式。前边有坎墙，并设门窗，无后门。早已圮，只剩残墙柱洞，因未清理，柱础不清。面阔三间共5.6米，其中明间2米。进深2间共4.35米，其中廊深0.9米。顶部四周各置4个垛口，垛墙上下相对设两排射孔，上孔方形，下孔梯边三角形。垛墙高1.6米。

该敌台西门券顶正上方两层卧砖之上，嵌汉白玉匾一方，上横刻"后白后浒沟五十二号台"，一排10个字，繁体字，自右往左直读，行楷体、双勾刻，石匾长60厘米，高40厘米，匾四周鸡嗉檐砖起线。该敌台中层平面为方形，边长 10.4 米，上层边长 9.75 米，垛口以下通高 11 米。距"后白后浒沟五十二号台"敌台西 500 米左右，还有一座编号楼（两座敌台之间还有一座敌台，已圮），这座敌台与"后白后浒沟五十二号台"基本相同，有 4 点不同之处：匾的文字为"后白鲇鱼顶五十三号台"；中层顶部外面四周为 3 层菱角檐砖檐；敌台东和南两面各设一门两窗，门居中，西和北两面各设 3 个箭窗；平面尺寸略小于"后白后浒沟五十二号台"。

中层室内宽敞的"大厅楼" "大厅楼"敌台位于古北口至金山岭城段中部，它坐落的边墙走向基本为东西向，地势北高南低，基座南北高差很大，相差 5 米之多。基座为下部条石，上部砖砌构成。中层为砖拱结构，室内只券一个东西轴向的大筒拱。中层内为一个大空间，东西长 9 米，南北宽 5.4 米，通高约 5 米。地面城砖错缝横铺。中层南面设 3 个箭窗（内壁有 5 个窗龛，其中 2 个外面被砖砌死），北面设 5 个箭窗，各窗外口相同，均为砖砌，宽 0.6 米，通高 0.8 米，箭窗外敞 45 度，上口为砖拱一券一伏。中层东面一门一窗，门居南侧；西面一门二窗，门居南侧，两窗在门北侧上下位相错。2 个台门的门口及券脸均被人拆掉，无法记述。各箭窗上均有窗肘孔、窗闩孔等设施。中层顶部外面四周凸出三层菱角檐砖檐。中层西北角向南上方，砌有单向的楼梯券道，楼梯踏步石 16 阶，阶高 35 厘米左右，券道上口开于顶部望楼外西南角。上层望楼为三间房形式，面阔三间共 8 米。

怀柔的敌台

在怀柔境内 60 多公里的长城中有空心敌台、实心敌台、墙台和简易更房等 280 座。按照敌台的内部结构,把这些各式各样的敌台进行了比较和归纳,取其共性,分成了以下 13 种类型:

(1) 中室回廊式 中间券以较宽阔的居室,四周环以通道走廊并有券洞通往主室,券洞走廊之外是敌台窗门,各边窗孔数量依据实际而定,形式各异,但都是"回"字形。

(2) 深窗插檩式 从敌楼顶部向下看呈"口"字形,四周都是厚墙和较深的券洞。从中间看,门窗都深深地嵌在券洞外端,台顶横插木檩不用木柱,两端直接插砌券顶墙上形成宽敞的台顶。这样的敌台,上部建有瞭望居住的铺房,一则便于瞭望便于士卒遮风避雨;二则为保护下面木结构台顶。此种结构的敌台未见砖石楼梯,都用木梯上下。

(3) 阡陌纵横式 此种敌台是最普遍、最常见的,一般保存较好。它全部采用券拱砌成,横竖通道宽窄一样,分不出哪里是居室,哪里是走廊,而且券洞两头门窗相对,俨如纵横交织的田间小路,因此称之为阡陌纵横式。

(4) 阡陌变化式 此种形式的敌台是由阡陌纵横式变化而来的,它是根据实际需要把部分结构进行调整,有的是把通道变宽,有的是将其整体结构变成菱形。

(5) 中室单廊式 这种敌台内部结构主要是由一个较宽敞的居室和一条走廊组成。有的类似"阡陌纵横式",有的像"深窗插檩式",还有的如同"中室回廊式",但是却半边廊。

(6)台内藏山式 这种敌台主要受自然条件限制,山顶巨石裸露,四周陡壁悬崖,面积有限。为了最大限度地利用山顶地使用面积,工匠门巧妙地利用地形,将裸露的巨石砌在敌楼之内,犹如山石藏入敌台一样。

(7)薄墙梁柱式 敌台四周的墙较薄,四面箭窗绝大部分都用木板或石条做过梁砌成,也有以砖券孔的。窗门之间的墙中立有木柱,其内部主要以木结构为主。此种结构虽然空间大,便于使用,但是不坚固,所以没有一个完整地保留下来。

(8)空实结合式 此种建筑形式在万里长城中是罕见的,只有慕田峪正关台一处。它是由1个空心敌台和2个实心敌台组成的,楼顶之上都盖有瞭望铺房,高大雄伟。由于是三台并矗,故称"三座楼"。

三座楼

（9）方形高筒式　这种敌台主要特点是占地面积小，而高度同其他大敌楼一样高，所以从远处一望，就显得细而高，故此人称"高筒楼"。它主要建在雁栖镇大石湖地段中，外险内平，敌人不易攀登，不需多驻守兵，只要经常瞭望四周，观察敌情，传递信息即可。

（10）奇峰夹扁式　这种敌台是建在一个狭窄的山峰上，周围都是悬崖峭壁，万丈深沟，位置极为紧要。为了防御敌方偷袭，就在这奇峰之上建了一个南北长、东西窄的敌楼，当地老乡称其为"夹扁楼"。

（11）险山实心台　实心敌台多数都是建在山势险峻的山脊之上，外侧是陡壁悬崖，易守难攻。其主要目的就是传递信息。兼有以下几种：①两边坡度较缓，两面都有台阶可直通长城走道，即行人可以直接从台顶通过；②坡度一面缓一面陡，行人通过时只能一面登台，然后再从台顶楼梯而下，不能直接穿越台顶；③敌台两边坡度都非常陡，从哪边都不能直接登上台顶，要登上敌台顶只能从敌台券洞的楼梯上下。要通过敌台必须从城墙里侧的券门出入。

（12）马面墙台　这种墙台多半是建在面积宽阔的山顶上，不需要建敌楼的地方。为了踞险制敌，根据需要就把城墙修成"凸"字形，从下面看像个敌台，但它与城墙一样高，是属于城墙的一部分。有的在向外侧凸出的城墙上盖了房，有的在向里侧凸出的城墙一侧留有上下门，像个演武集合的场所。

（13）简易瞭守台　在敌人不易到的沟谷或副边墙（叉边

的尽头，盖以简易的平房，是巡逻守更的士卒避风歇脚或瞭望的地方。

门头沟的敌台

明隆庆初年至万历初年，兵部右侍郎汪道昆携总督刘应节、杨兆等主持增建从居庸关到沿河口以西空心敌台 200 余座，其中在现门头沟区辖界内，从沿河口始，共建有空心敌台 17 座，按沿字壹至拾伍号顺序排号的有 15 座，另有两座敌台未统一编号，还有附墙台 5 座，烽火台 6 座，边墙五百八十丈。在沿河城境内的空心敌台具体分布：永定河口为"沿字壹号、贰号台"；沿河口河东为"沿字伍号台"，河西为"沿字肆号台"；进石羊沟二道城子，有"沿字叁号台"，黄草梁上有敌台 7 座，其中 6 座为"沿

沿字叁号台

字陆号"至"沿字拾壹号"敌台，外加 1 座未统一排号石结构的敌台。这 7 座敌台之间石墙相连内外相隔，蜿蜒逶迤 1.5 公里许。清水镇梨园岭口敌台 1 座，未编号。洪水口敌台 3 座，编号"沿字拾贰号""沿字拾叁号""沿字拾肆号"。小龙门口敌台 1 座，编号"沿字拾伍号"。

明隆庆五年（1571 年），总督侍郎刘应节在给皇帝的奏折《报空心台功疏略》中说："隆庆三年（1569 年）春防起，至五年春防止，昌、蓟两镇共建敌台壹仟零拾柒座，其制周围以十二丈为率，高连垛以三丈为率，下用方面大石。高五、七尺至一丈五尺而止。原议每台只给官银五十两，继量增至八十、九十、百两有差。冲台三五十步一座，远者不过百五十步。"

在当时条件下，空心敌台为屯兵作战之用的重要军事设施，多建于深山峡谷之侧，扼山口、水口之险。台基用料皆就地取材，用巨大的花岗岩料石砌就，台身用青砖砌，射孔、窗口、券门用石料雕砌。敌台通高 11~12 米，方形，边长近 10 米。其结构分 3 层：下部实心；中层空豁，为方形四廊式砖室，呈"回"字形，四面箭窗，有窗有门，亦可发射火器，内室一侧有台阶通往台顶；上层建有楼橹，环以垛口，楼橹为长方形，底部平铺木板，砖砌四壁，有窗有门，用于宿兵或贮存军需。楼顶有汉白玉雕花旗杆石，用于排水的石滴水。

延庆的敌台

延庆境内长城位于北京西北部延庆区境内，距北京市 70 公里，是万里长城的精华，也是明代长城最具代表性的一段。高耸山岭峰脊的敌楼，形式多种多样，至今仍显雄姿；坚固的大城砖，精美的砖雕石刻，显现出当时工匠们的高超技艺。

具有特色的敌楼有八达岭敌楼和九眼楼两处。

八达岭的北八楼，位置高，建筑雄伟，海拔 888 米，是八达岭海拔最高的一座敌楼，是俯瞰长城的最佳之处。在北八楼上，只见长城从西南朦胧的云雾中蹿出，腾跃沟谷，爬上南峰之巅，蜿蜒而下，穿过关城来到八楼脚下。再往右一折，向东南跌落，向青龙桥、居庸关方向延伸而去。登高望远，关北妫川平原，阡陌纵横，官厅水库波光闪烁。东望远山层叠，拂晓登临可观日出，故又取名观日台。

楼内两层，有梯子可上。一层迎敌面有 6 个箭窗，是敌楼中箭窗最多的一个。从关城到北八楼有 1500 多米，相对高度 228 米。而今，在滚天沟乘索道缆车上去，顷刻可达。

北五楼，北峰第五楼，长 9.25 米、宽 9.34 米，上下两层。从券门进入敌楼一层，就像进入无梁殿。砖构十分巧妙，楼呈方形，每面 4 行砖垛，每垛之间都用券顶拱连，共有 30 多个券洞。

北十楼与南六楼是建有铺舍的敌楼。铺舍是建在二层楼顶上的小屋，用清水磨砖砌筑，硬山顶，雕窗红柱，小巧玲珑。可能是当年驻防"指挥"人员的住所。

北六楼是面积最大的一座敌楼,楼长12.6米,宽8.5米,底层面积约100平方米。内部全用砖构,不用木料,长面是7行砖垛,宽面为4行,垛顶发券,形成四方廊形券道。中间留空,成为长方形的天窗,称为"天井式"敌楼,可从天井处登梯上到顶层去巡逻放哨。

南四楼和北四楼是八达岭关城向南北两峰展开的城墙。上各有4座敌楼,简称南四楼和北四楼。两峰相对高度大,坡度陡,敌楼由低处转向高处,依次峙立,南北间又遥相呼应。从关城到南峰顶上的第四楼,城墙长685.8米,高度上升127米,平均每6米就要上升1米。特别是第3至第4座敌楼之间,山势陡峭,城墙逶迤约500米,最险要处,坡度约为70度,几乎是直上直下。从关城到北峰第四楼,城墙长度767.5米,上升高度155米,比南峰距离长,但比较平缓。过第三楼,可下到鞍部再往上登第四楼。这一段很陡,要爬100多级台阶。

这8座敌楼和它们之间的长城,是20世纪50年代修复的。北峰4座敌楼,都是两层,目前只恢复了3座,第三座敌楼的上层没有修复。南峰的第一和第二两座敌楼的上层也没有修复。第三座敌楼上,原有铺舍(柱础仍在),但未复原。每座楼原来都有记载修筑经过的题名石碑,而今碑已无存,只是碑座尚在。有的敌楼券门的门墩和放门杠的孔眼也在。这些都是500年前的遗物。

九眼楼雄踞延庆火焰山峰巅,海拔1141米,敌楼为双层方形。长城在此分为两路,一路沿西南到河北的紫荆关、山西的娘子关；另一路沿西北到张家口、大同、嘉峪关。《北京市延庆县地名志》记载："九眼楼为明嘉靖二十二年（1543年）巡抚都御史王仪建。地处大小红门间，西至岔道羊头山，东至四海冶，长80公里。设五口，红门左右修墩14座。九眼楼在该边垣最东端四海乡石窑村南2.5公里火焰山，高7.8米，有9个瞭望孔连接三道边墙。四海若有警，

九眼楼

南山边垣举炮火，顷刻可以达居庸关。"说明九眼楼距今已有460多年历史。九眼楼为正方双层建筑，因每边有9个瞭望孔而得名，现有一层，高度为7.8米，每边为13米，瞭望孔高1.65米，宽0.5米，内有军士来往巡视宽1.2米的环形步道。九眼楼下部砌石条，上部用白灰砌青色城砖，构建十分坚固。楼下两侧有小平台，为军士集中的场地，平台北侧，有砖砌的台阶，沿台阶可达楼南门。楼顶为砖砌券拱式结构，楼内宽大，可住兵储器，向北开两窗，四面各有一门，门高2米，阔1.2米，出入极便利。

　　九眼楼不仅是万里长城之上规模最大，瞭望孔最多的敌楼，而且在军事防御上具有十分重要的战略意义。它所处的地理位置险要，是宣、蓟、昌三个军事重镇接点，是内外长城的交会处（"北京结"）。

　　如今九眼楼只有东南外墙能依稀看出当年9个箭窗模样。九

眼楼北原有一石刻题诗碑，高1.9米，宽0.8米，厚0.2米，碑文是明万历十三年（1585年），武将徐申巡行至此所作两首七言诗。现存延庆区文物管理所。

城　堡

城堡的形状各异，有方形、长方形、不规则多边形、前方后圆形等。少数城堡建在平地上，多数建在山上或半山半平地上，还有的城堡城墙建在四周的山脊上，堡内为沟底。

所有的城堡都由城墙和城门组成，城墙由内檐墙、外檐墙、墙芯和墙顶四部分构成。内外檐有石砌的，有砖砌的。石砌的檐墙，多用当地的大块毛石垒砌，用素白灰黏结，墙面用白灰勾成虎皮墙。砖砌的檐墙，地面以上多用3~5层统一规格的石条，层层铺砌成墙基，墙基以上用两皮城砖层层铺砌，墙基、墙身都砌成水平缝，墙基竖缝上下相错，墙身砖竖缝作一丁一顺排列，砖的尺寸与长城砖相同。砖、石均用素白灰黏结，墙缝均勾满素白灰。墙芯用料也不统一，内外均是砖檐墙的墙芯，多用灰分较小的灰土层层夯筑；内外均是石砌檐墙的墙芯，多用毛石乱砌，用素白灰及灰和土合成的灰泥或纯土黏结，墙芯也有用碎石砾土填充的。

较平缓的城墙顶部都筑马道和垛口墙，有的也筑有宇墙。不管墙体是砖或石砌，顶部马道、垛墙、宇墙等均用砖砌就。

建在平地的城墙顶部都筑有马道和垛口墙，其墙顶也是水平线，城墙建在较平缓的坡地上，墙顶随山坡形状，成一条起伏的曲线；在坡度陡峻或骤起骤落的地方，墙顶就修成了台阶状、叠落式的折线。垛口以下的墙体高都在6米以上，墙厚与边墙相近。

密云境内城堡城墙有以下5种建筑形式：第一种是整个城堡内外檐墙全为砖砌；第二种是整个城堡内外檐墙全为石砌；第三种是外檐墙为砖砌、内檐墙为石砌；第四种是外檐全用统一规格条石砌、内檐是大块毛石垒砌，如上峪城堡；第五种是在半山半平地建的城堡，平地上的城墙全用砖或内石外砖，而山上的城墙全部为毛石砌。

密云境内的城堡一般设1门~2门，也有的设3门，个别的设4门。城门都由基座、门道、顶部望楼和垛口组成，基座下部用4~8层加工的石条层层铺砌，石条上部用长城砖层层铺砌。石条和砖都砌水平缝，石条竖缝相错，砖竖缝一丁一顺排列，素白灰黏结并勾缝。基座的中间开门道，城门内外口下部用石条4~8层，上部用砖砌，也有的门口全部用石条铺砌。城门上口均为砖拱，有三券三伏和五券五伏两种，正门外券顶上方一般嵌有石匾，石匾上刻城堡名称。整个城门基座高7.4米左右；宽10~13米。城门口通高2.9~4.8米，宽1.8~3.3米，门道深5米左右。城门基座顶部都建有三间或一间房的望楼或庙宇，四周砌垛口墙和宇墙，因密云境内城堡城门顶部的建筑无一留存，无法记述。城门内的城墙内檐墙上，贴墙砌有登城步道，为砖砌或石砌。有的门内两侧都砌有登城步道。大部分只一侧砌登城步道。

八达岭长城敌台

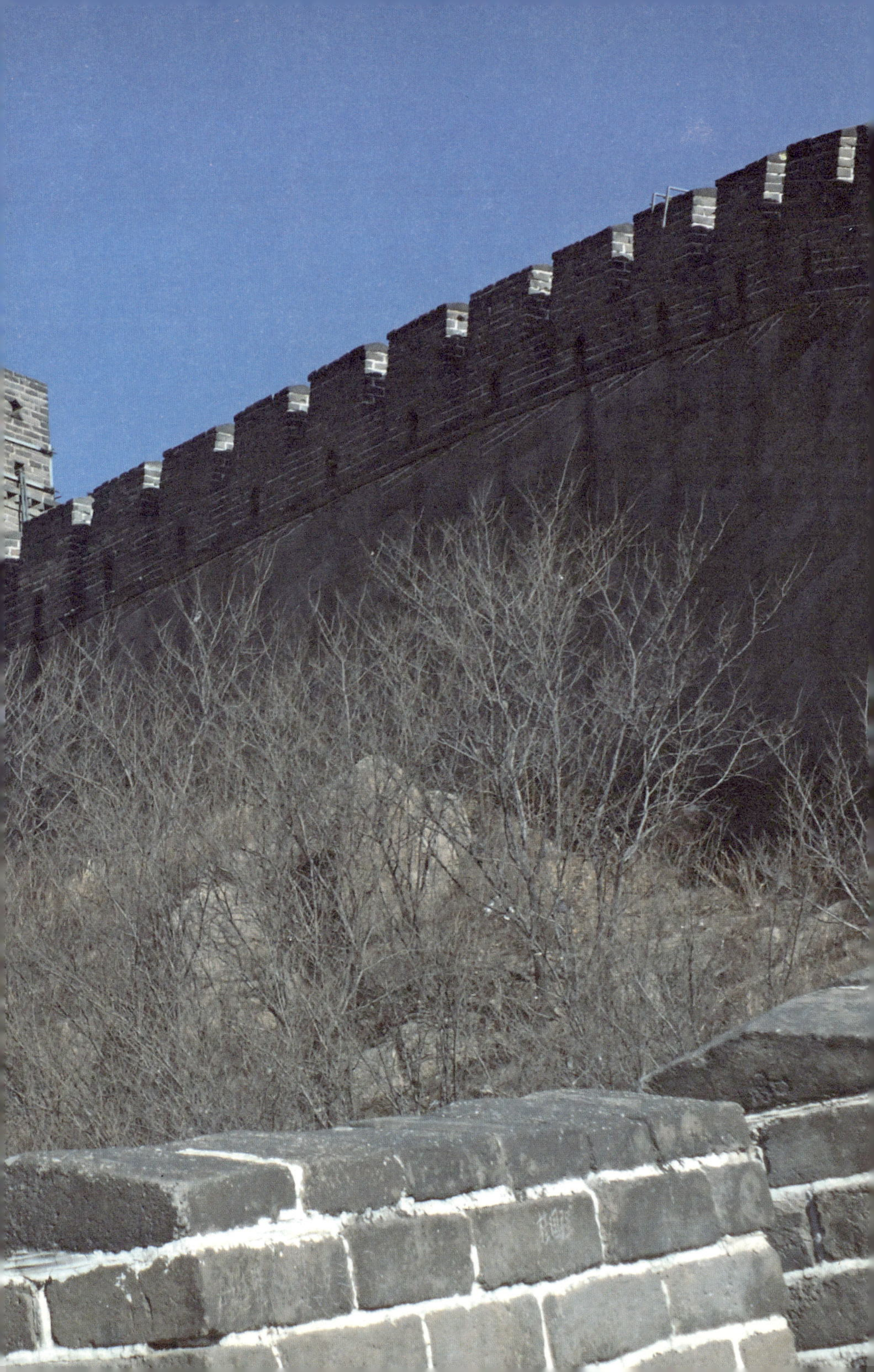

长城关隘

长城关隘常建于关津险要之处，多处于大河、深谷，依山傍水的咽喉要地。明长城的关口很多，每镇所辖关口多至数百，长城十一镇的关口总计在1000个以上，其中著名的有数十座。如八达岭、居庸关、古北口、慕田峪等。

将军关

　　将军关又叫将军石关，明长城蓟镇关隘，是长城北京东段第一关，明永乐二年（1404年）修建，明隆庆三年（1569年）重修。位于北京市平谷区东北约40公里的明长城线上，东靠茅山，东南临黄崖关，西北近墙子路关，是平谷东北部的重要隘口。

　　据《日下旧闻考》载："由黄崖口关西四十里至彰作里关，正关水口并红石谷墩空，俱平漫通人马，极冲。又二十里至将军关，正关水口城下内外厂边及大段头山、小段头山墩空，极冲。又五十里至黑水湾砦，路狭山险通步，又八里至黄松峪关，正关水口，城下内外平漫通人马，极冲。又二十里至峨嵋山砦，通步不通骑。"据《明长城考实》载："关口处在东西两山之间，地势开阔，无遮无障，明时为极冲之地。"中间为将军关石河，旧有水关。关口东西两侧有关楼，西侧关楼早年已毁，现只存东侧城墙、关楼残基和将军石。东侧城墙残存，有一敌楼当地称"正北楼"，只残留高约6米的基座。靠楼城墙内侧有一券门。关楼南侧有一天然巨石，据民国三十三年（1944年）的《蓟县志》卷一载："将军石在将军关村北之阳，石高三丈六尺，兀然矗立，形甚壮伟，上刻'将军石'三大字，为明成化参将王杞书，关遂亦以此石之名名之。"现巨石尤在，高7米，巨石上端南侧刻有两块"将军石"

匾额，以铭记一游击将军立此石上，指挥击溃 2000 余敌人之壮举。此关亦以此石而得名。可惜将军石匾额在"文化大革命"中被毁，唯有巨石屹立。

将军关东侧山上长城因修筑简单，今多已倒塌，靠近关口处则修筑坚固，石砌墙体，至今仍保存较好。将军关向西为金山。因山势陡峭，没有修筑墙体，仅在金山山梁的二凹地有不足 50 米长的石墙。

明时将军关属蓟镇马兰峪路管辖。据文献记载：将军石关，原设把总一名，外委一员，守墩兵九十九名，节年奉，裁兵四十四名，现存兵五十五名，向属马兰路辖。清顺治十七年（1660 年）改隶蓟营，又于雍正二年（1724 年）仍归马兰镇辖。关口设在两山之间，地势开阔，中为将军关石河，为水关……又二十里，至将军石关，正关水口城下内外厂边及大段头、小段头山墩

将军关

空，极冲。可以得知，原建筑有正关水口、东西墩台、大段头山、小段头山墩台。关楼原为 3 层，内有券门可上下出入，基础为大块条石，上为砖筑。现只存东侧楼基，东西长 20 米，南北长 18 米，残高 8 米。

墙子路

明长城重要关隘，位于北京密云区东北约 45 公里处，道路平漫，地势开阔，有季节河经关西北流注清水河。京承线铁路由此而过。该城堡建于明代洪武年间，为明代长城的附属设施。

墙子路

该城堡遗址位于大城子乡墙子路村中,北靠山,南有清水河自东向西流过,东距关上城堡约1公里。原城堡置东西南三门,东门上石匾额为"永熙门",西门上石匾额为"安边门"。"安边门"三字为明代总督杨兆所书。三城门为砖石结构,其他墙体为大块毛石砌成,垛口用砖砌成。城堡基本呈正方形,东西南三面墙各长306米,北墙随山就势呈弧形,长309米。城外北山上有一敌楼称北台子,城外南山上有一敌楼称南台子,现两敌楼只剩残基。

目前该城堡除东、北部存留少部分残墙壁外,其他均已无存,东门"永熙门"石匾与西门"安边门"石匾均暂存于该村村民家中。

古北口长城

古北口

　　位于北京密云区北部,是燕山山脉南北交通咽喉之一。其背依蟠龙、卧虎二山,南接青风、叠翠二岭,有潮河由北向南而过。

　　古北口,不仅是京北的一处隘口,也泛指潮河的河东、河西、潮河关、西山及汤河、北台、北甸子这几部分长城及险隘构成的防御体系,卧虎山和蟠龙山雄踞两侧的潮河和长城关口,即地图上标示的古北口。历史上形容它"南控幽燕,北捍朔漠",是拱卫北京的首要防地。有距今1430多年的古长城及驻守长城的关

隘，还有西至蚕房峪，东至将军台长达 47 公里的古北口明长城和 120 座空心敌楼。

古北口镇城堡建于明洪武十一年（1378 年），为明代古北口的镇城。城墙砌在东关村四周的山上，原设东、南、北三门，城墙随山就势，不规整，基本呈三角形，称"三角山城"，又称"多角山城"。周长为 2517 米。有条小河自城中东西向流过，在城东、西部各设置了水关。

《昌平山水记》云："古北口城在山上，周四里三百一十步，三门。洪武十一年（1378 年）立守御千户所，三十年改密云后卫，领左右中前后五千户所，其后以参将一人守之。古北口自唐始名，《唐书》：'檀州燕乐县有东军、北口二守捉。北口，长城口也。又北八百里有吐护真河，奚王牙帐也。'《金史》：'古北口，国言曰留斡岭。'《元史》：'古北口千户所于檀州北面东口置司。唐庄宗之取幽州也，遣刘光濬克古北口。辽太祖之取山南也，先下古北口。金之灭辽，希尹大破辽军于古北口。其取燕京也，蒲苋败宋兵于古北口。元文宗之立也，唐其势屯古北口，撒敦追上都兵于古北口。秃坚帖木儿之入也，太子出光熙门，东走古北口，趋兴松。嘉靖二十九俺答之犯京师也，入古北口，出古北口。故中居庸、山海而制其阨塞者，古北、喜峰二口焉。'"

古北口北齐长城历经北周、隋、唐、五代和明代的修缮，一直到清朝中、后期，高耸的城墙尚存，古长城失去了它的作用，便逐渐自然塌毁。如今，北齐长城大部分只剩下石灰渣子和墙基以及少数残存的石灰岩垒砌的石墙了。

古北口仍残存自野猪岭小高楼至西沟口一段北齐长城的遗迹,现在沿城是一条约 2 公里的石堆。自大花楼至蟠龙山的一段北齐长城,明代建古北口城时,当作城墙基础。现在,明建城墙的城砖被拆走之后,暴露出比较整齐的北齐长城的遗迹。明代古北口长城,均为砖石结构,里面用三合土夯实,整体非常坚固。而北齐长城从基础到墙顶,都用毛石垒砌,设计上、用料上及建筑工艺上,比明长城要粗糙古拙得多。

目前,古北口城北门西侧砖墙尚存,其他门无痕迹,东北山上保留一些砖墙残墙段,其他墙已塌毁只剩残基,但轮廓清楚,东门水关尚存。

司马台

司马台城堡建于明洪武年间,堡东北 1500 米处,为以惊、险、奇著称的司马台城段。该堡位于司马台中,东、南靠山,西北临小河。

该城堡呈长方形,设置南北二门。城门用城砖拱券而成,下部 3 层石条,上口残存三券三伏,门洞高 3.6 米,宽 2.8 米。其他墙体外侧均为灰城砖砌之(一丁一顺),内侧均为本地大块山石砌成,内填碎石白灰灌浆。该城堡东西长 152 米,南北宽 137 米,目前,两门洞尚存,东、西墙外侧砖墙尚存较好,南、北两墙外侧城砖早已拆除,只剩地基,四面内侧石墙均有残存 2~5 米高。

司马台长城

慕田峪

慕田峪长城是明初开国元勋徐达修筑长城的起讫点之一。西接牛角边，东经大角楼与亓连关相连，山势相对比较平缓，敌楼、敌台密集，平均120米就有一座。正关台空实结合，三楼并矗，别具一格，为长城建筑史上所罕见。《日下旧闻考》载有："明初，徐达筑边墙，自山海关西抵慕田峪，延袤一千七百里。"为石塘路长城和黄花路长城的连接关口。《四镇三关志》云："黄花路东自慕田峪，西至枣园寨，延袤一百八十里，隘口一十七。"又是北京地区"重边"长城与"单边"长城的分界关口。《昌平州志》

慕田峪长城

慕田峪长城牛角边

中记载慕田峪外临大川，极冲。自此以西皆重边，以东皆单边。慕田峪原名"摩天峪"，明代以后，改称慕田峪。

慕田峪关，是明内长城隘口，位于渤海镇慕田峪村东北，东南距县城13.5公里，东北距莲花池村1.5公里，东距亓连口1.5公里。西南距辛营村2.5公里，西北距贾儿岭口2公里。明永乐二年（1404年）建关，是昌镇黄花路所辖最东隘口，关西1公里有堡，在今慕田峪村东侧，顺山势呈东北西南向，近似梯形，北墙长125米，南墙长110米，东墙长72米，西墙长80米，东南向开一门，堡已毁，尚有遗迹，关城石匾额"慕田峪关"尚存。《四镇三关志》有"由亓连口（西）十里至慕田峪关"的记载，该关口所在地，自古就为兵家所瞩目，历史上曹操灭袁绍兄弟曾取道于此，据《昌平州志》记载："明嘉靖二十二年（1543

年）蒙古朵颜入战，围慕田峪关，杀守备，地方官军御却之。"关口建于两峰低凹处，是由3座敌台相连而成，称为"正关台"。正关台是慕田谷关的前哨，3座敌楼并立，两侧楼体较小，中间楼室宽大，3座敌楼之上有3座望亭房。关口不由城台正中开设，而在东侧设一门，沿陡坡筑成台阶进出，独特的关门建设为长城罕见。关东有3条长城汇于海拔高603.3米山顶上的大角楼。

明隆庆元年（1567年）明穆宗朱载垕时，朝廷抗倭名将戚继光和谭纶调到蓟州，统辖蓟镇军事防务，此时，大规模整修了辖区内的长城。慕田峪长城是这次整修工程中施工精细、修筑独特的一段。墙体高8米，底宽6米，上宽4米，内外两面均以13层青色花岗岩条石起基包砌，墙上内外两侧均筑有长约166厘米、宽33厘米、高66厘米的垛口，垛口之下设箭孔，险要处有炮台，在主体之外建有"支城"，即在内外两侧的险要地段再修出长几米或几十米的支城，当地人称为"刀把楼"。慕田峪长城的敌楼不论规模大小，都建成上下两层，中间留有"品"字形或"回"字形通道，通道四面建有箭窗，楼顶上环以垛口。

黄花城

明长城昌镇黄花路指挥机关驻地，位于九渡河镇黄花城村中，东南距县城35公里，东距东宫村0.5公里，西南距西台村0.5公里，

俯瞰黄花城长城和头道关水库

西北距撞道口村 1 公里，该城地处黄花镇川与西沟水交会处。明景泰四年（1453 年）建成。南北长 240 米，东西宽 210 米，开东、西、南三门，设有黄花仓和神机库，南门外有演武场。《昌平山水记》载："城北有碧霞元君庙，其殿西有二松，相去四五尺，而上枝樛曲相穿，遂合为一，名曰交松。"因位于黄花镇所辖地区，称黄花镇城，后简称黄花城。

　　该城位置险要，元代即设千户所，明成祖建都北京后，将陵寝设于昌平天寿山之阳，黄花镇在天寿山之北，不仅是京师的北门，也是护陵重地。《长安客话》云："黄花镇正为京师北门，东则山海，西则居庸，其北切邻四海冶，有索振阿罗豆儿诸夷住牧，极为紧要之区。故弘治中遣总制严兰经略东西诸关，一自黄花而东，历密云、马兰、太平、燕河至山海关止，一自黄花而西，历居庸、白羊、紫荆、倒马至龙泉关止。"明代一直派重兵把守。

曾派参将1人、守备1人守之。有主客兵12600人，管辖着东自慕田峪、西至枣园寨180多公里的长城及大小隘口17处。明武宗朱厚照于正德十三年（1518年）夏四月曾到过黄花镇游猎。明嘉靖三十二年（1553年），黄花镇参将移驻渤海所，黄花镇由守备驻守。

黄花城水长城

居庸关

居庸关位于昌平城西北 15 公里的关沟中，是燕山山脉万里长城的一个重要关口，也是长城历史上最悠久、最著名的关隘之一，自古就有"绝险"之称。"居庸"一词最早见于战国时期古籍，《吕氏春秋·有始览》记载"地有九州，山有九塞"，何为九塞，"大汾、方城、居庸等"。淮南王刘安撰写《淮南子》一书记载："天下九塞，居庸其一。""居庸"一名还源于秦统一后修长城，秦始皇"徙庸徒戍此"。其实，居庸关是燕国在北方设立的一座要塞，当时燕国北部与东胡接壤，自公元前 663 年，燕庄公时"北燕伐山戎之战开始"，燕国北部战争不断，利用险要山川形势设"塞"，其作用纯为军事攻防而建。

居庸关设立关城历史最早可追溯到汉朝，《后汉书》载："建武十五年（39 年）匈奴常犯中原，为免受损，将燕门郡、代郡、上谷郡六万多百姓迁到常山关、居庸关以东。元初五年（118 年）鲜卑入上谷，攻居庸关。建光元年（121 年）八月，鲜卑再攻居庸关，九月退去。"1971 年，内蒙古和林格尔东汉墓中发现有"居庸关图"壁画。画中不仅有关城，水门下题"居庸关"三字。《魏书·世祖纪》载："武帝发司、幽、定、冀四州十万余人，筑畿上塞围，起于上谷，西至于河，广袤千里。"

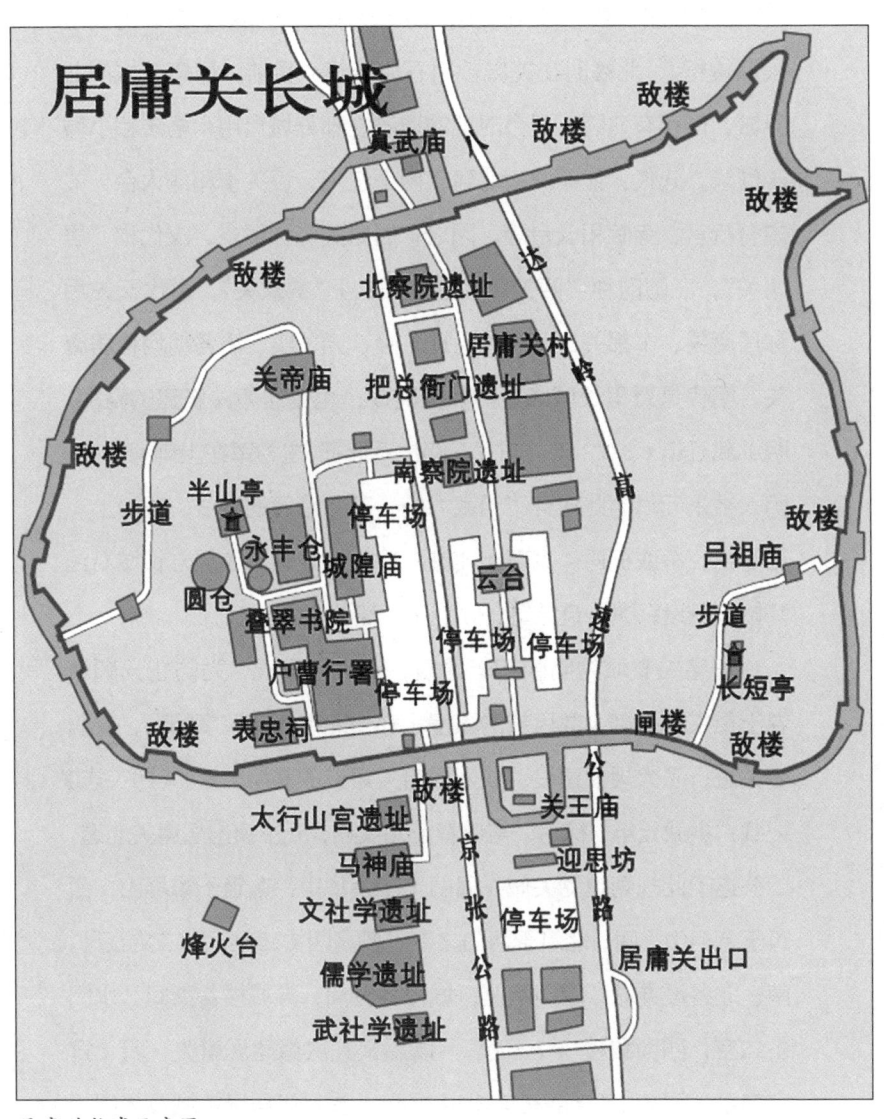

居庸关长城示意图

《水经注》载:"关在沮阳城东南六里,居庸界,累石为关垣崇墉峻壁。"北魏时在关城曾用石块修筑,目前,居庸关城南北券城,仍存有北魏、辽金时期的遗迹。部分城台用六格砖和小城砖砌筑。元代,在关城南北建了两个红门,设关卡和烽火台,关内有行宫、寺院和云台等。因之,居庸关名称很多,汉代称"居庸关",三国时称"西关",北齐时改名"纳款关",唐代又先后称居庸关、军都关、蓟门关,辽、金、元、明、清各朝均称居庸关。明代是万里长城修建的鼎盛时期,也是居庸关修建的高潮。明洪武五年(1372年),明军三路出军北征,主力军在土剌河受挫,明太祖朱元璋因此放弃了用武力统一草原诸部的想法,政治上实施笼络,争取机遇。军事上实施战略防御政策,在北方长城沿线开始大量设军镇、筑城堡、立卫所,建关守之。

居庸关长城为明朝初年建筑,明太祖灭元,为防止元顺帝卷土重来和抵御少数民族的入侵,守住北京西北军事咽喉,对居庸关进行了大规模建设,成为居庸关建设的鼎盛时期。《西关志》记载:"洪武元年,徐达、常遇春征北伐燕,元主夜出居庸关北遁,二公遂于此规划建立关城,周围十三余华里,东筑于翠屏山,西筑于金柜山,南、北筑于两山之下。各高四丈二尺,厚二丈五尺。南、北各设券城,重门两座,城楼各五间,券城楼各三间,水门各二空,四面敌楼一十五座。"以后又几次修建居庸关。明《宣宗实录》记载:"宣德三年(1428年)八月修居庸关城及水门。"明正统四年(1439年)六月,镇守居庸关指挥佥事李景奏:"久雨,坏居庸关一带山口城垣九十余处,乞拨军民协力修缮,宜令附近隆庆、永宁、怀来等佥夫修筑。"《英宗实录》记载"景泰六年（1455年）六月修居庸城毕工"，现南北券城门居庸关匾额有"景泰伍年拾月吉日立"和"景泰伍年捌月吉日立"两块石匾额。《宪宗实录》记载："成化十四年（1478年）九月，诏修居庸关等处关隘、城垣、墩铺、桥道。"明代除大规模修建居庸关城外，向北修有岔道城、居庸外镇（八达岭）、上关城，向南建有南口城，20公里关沟形成了严密的军事防御体系，并将防御范围向四周辐射，东至黄花镇，西至紫荆关，确立了坚固防线。

居庸关有关四重，南口为下关，往北有中关、上关和著名的八达岭长城。中关，即今居庸关关城所在地，建于明朝中期景泰年间。上关是明朝初年卫国公徐达修筑的长城，今关城已毁，仅剩遗址。1978年又重建了居庸关外镇的城楼，还修复了水关，逐渐恢复了原来的面目。

关沟沟谷设有五重关口，第一重关是南口；第二重关是居庸关；第三重关是居庸关外镇，即八达岭；第四重关是岔道城；第五重关是外边墙。

居庸关地理位置环境十分优越，位于关沟南段。居庸关南券城距关沟南口6.5公里，距八达岭10.5公里。

居庸关长城全长4167.5米，围绕关城呈圆周形建设，西侧建于金柜山上，长2097.8米（以下称西山长城），东侧建于翠屏山上，长1505米（以下称东山长城），南券城外缘和南关跨河道长城合计长324.1米，北券城外缘及北关长城合计长240.6米。其特点有四：（1）围绕关城呈圆周封闭型建筑形式。居庸关关城

居庸关长城

建在 20 公里长的关沟中部,扼守南北交通要道。其关城建设巧妙利用了"两山夹一水"的地理环境。关城主要建筑建在"云台"北、西、南侧。长城作为军事攻防屏障,沿西侧金柜山、东侧翠屏山建设,围绕关城呈圆周封闭型建筑形式。(2)长城防御范围广。居庸关南券城至北券城相距 650 米。东山山顶至西山山顶直线距离 1150 米。长城向内周圈面积 50 公顷左右。北券城建有千斤闸,南关水门设有水闸。在关城以外,东北、西北、东南、西南方向建有烽燧。翠屏山长城北端凿有"劈山墙"。居庸关长城对东侧"九仙庙"沟,西侧"羊台子"沟,西北侧"小西沟",东北侧"劈山沟",西南侧"马神庙"沟连同南北城和南北水门共有 8 条防御沟路。(3)两山长城墙体内侧低、外侧高。东山长城外侧墙体(垛口不计在内)最高 6.5 米,最低 4 米。西山长城外侧墙体最高 13.2 米,最低 4 米。外侧墙体平均约 5 米。内侧墙体高度 0.2~1.8 米。大部分地段长城内侧只砌女墙,女墙下即山坡。东山两处和西山山顶,内外均砌有垛口的长城墙体内外通高一致,皆为 4 米左右。两山长城采用内侧低形式修筑,一是有效地抗击外侧来犯

居庸关云台

之敌，二是合理利用地势，节省劳力，节省建筑材料。(4) 长城建筑结构形式多样，堪为中国长城建筑的精华。西山北侧 900 余米长城外侧墙体为花岗岩条石砌筑。条石长 1 米，宽 0.35 米。东山长城部分地段墙体外侧也为花岗岩条石砌筑。经考证，这些长城是明代所建。西山南侧和西侧，东山部分长城外侧墙体用碎块石、碎山石砌筑。西山北侧与北券城连接的"人"字形分岔长城外侧墙体则用小城砖砌筑。经考证，这些地段的长城为明以前所建。垛口墙、女墙，绝大多数用城砖砌筑，西山南侧有近 84 米垛口墙用碎石砌筑。

居庸关长城高低落差变化大。西山顶长城比河道长城高近 170 米。东山南侧、北侧，西山南侧、北侧均有坡度在 30 度~40 度陡峭的长城。

长城曲直宽窄变化大。东山长城最宽处达 16.4 米，最窄处仅 1.2 米，多数地段宽 4~5 米，西山长城最宽处 7.4 米，最窄处 1.2 米。全部长城只有关城南侧河道 57 米长城平直，东山长城从北至南坡度平缓，曲直变化小，北高南低，站在北端向南望去，长城宛如巨龙盘卧于山巅。垛口和女墙的建筑有 3 种形式，绝大多数地段长城垛口面向关城外侧。女墙朝向内侧，西山顶有 40 米，东山北端 198.3 米，向东伸出 32.3 米长城为双向垛口，西山南侧有近 20 米长城无垛口，外侧是山崖，内侧建有女墙，长城坡度陡处垛口砌成锯齿形，坡度较缓处砌成长方形。

适应地形变化，居庸关有 3 处进行分岔修建。一处是西山顶，一处是西山北侧与北券城连接处，一处是东山北。

沿河口

　　沿河城坐落在门头沟区西北部崇山峻岭的一个巨大峡谷中，是明清时期的边塞重镇。南倚城子坨，北临永定河，城墙依山傍水，地势南高北低。南面城墙依山势环成弧形，外墙高约 5 米。城墙东西北三面呈直线，城外墙高约 6 米，城内墙高约 3 米（不含墙基和雉堞）。城墙顶部宽 3.5~3.7 米，铺青砖，上为巡城马道。城墙用条石和鹅卵石砌就，碎石添芯，墙基有花岗岩条石。沿河城设东西二门，均面阔 13.65 米。城门为砖石结构，城台上原有城楼，现无存。东门曰"万安门"，西门曰"永胜门"。东门于 20 世纪 60 年代初修丰沙复线时被拆，西门城台保存完好。沿河城有 6 座骑墙敌台，由东门向西排列，编为一号至六号。一号台面阔 15 米，凸出外墙 6 米。二号台面阔 15 米，凸出外墙 6 米。三号台面阔 15 米，凸出外墙 6 米。四号台面阔 13.1 米，凸出外墙 6 米。五号台面阔 11.9 米，凸出外墙 6 米。六号台尺寸不详。另设东北角台，西北角台，均面阔 15 米，凸出外墙 6 米。北城墙之下建有水门一座，面阔 1.73 米，下部砌花岗岩条石，顶部青砖发券。南城墙水门建在山上，与北门遥遥相对。沿河城城墙周长 1200 米。

　　沿河城原名"三岔村"。明永乐四年（1406 年）在该处设守御千户所驻防，始称"沿河口"。按照兵制，10 人为小旗，50 人为总旗,百人为百户,千人为千户,5000人为指挥,沿河口当初驻军亦在千人以上。明正统十四年(1449年)发生"土木之变",明英宗朱祁镇被俘,为进一步加强北部防务,明景泰二年(1451年)在沿河口设调卫所官员把守,统领沿河口营、忠顺营戍边,下辖17个隘口,把守80里防线,隶属于真保镇紫荆关参将府节制。明嘉靖二十四年(1545年)由巡按御史黄洪建议在该地添设一仓(大板仓)储米石。明嘉靖三十二年(1553年)正式修建沿河口守备公署,添把总一员,明嘉靖三十三年(1554年)改守备,隶属真保镇马水口参将府节制。明隆庆五年至万历二年(1571—1574年),兵部右侍郎汪道昆携总督刘应节、杨兆主持修建空心敌台,从沿河口至小龙门一线,共17座,以"沿字某号台"顺序排列。明万历六年(1578年)由河南开封人副都御史张卤倡建此城以屯兵防守。

沿河城作为一个军事重镇,设有上、下衙门,

沿字伍号台

大、小校场、营房、望景台、过营岗、火药楼、大板仓等军事设施，名称一直沿袭至今。城内外保存有较多的寺庙、碑刻。

黑峪关

又名黑关或大黑关，明长城蓟镇重要关隘。位于北京密云区。据《四镇三关志》载为明洪武年建。黑峪关东、西山皆高且险，唯关口是一道平川。明时在此驻守备。关口处设有关城，今关城除东侧墙残坍严重外，其余三面尚好。城为石筑，在北侧墙上有一砖砌券拱门洞保存较好。

黑峪关

金山岭

万里长城最具代表性的一段工程，位于河北省滦平县与北京密云区交界地区的燕山支脉，即滦平县巴克什营乡东南8公里处，由望京楼往西至古北口一段，长城因修筑在大小金山上得名。全长20余公里，距北京城区133公里。这里早在北齐时代就已修筑了长城和关隘。明太祖朱元璋派大将徐达率军攻占，立即率军扼守居庸关、古北口、喜峰口等要害隘口，不断加强防御设施。金山岭长城所属的砖垛口、桃春口、司马台、望京楼等都是在明洪武年间（1368—1398年）陆续修建的。朱棣迁都北京之后，更是重点修缮这一带防御工程。明世宗嘉靖二十九年（1550年），俺答部骑兵突破古北口，直逼北京城下，发生"庚戌之变"。在这种情况下，明政府多次调派人力和物力、财力加强长城的修建。戚继光总理蓟州、昌平、保定三镇练兵事务后，增修加固山海关至居庸关一段即隶属于古北口路。这一带地形险要，视野较为开阔，山峦起伏，连绵不断。由于地处京师外围，修筑时不惜重资，所建长城均以坚硬的条石为基础，上部用青砖包砌，城墙高度5~8米，底宽6米，顶宽5米，设置有瞭望孔和射击孔，加筑炮台。同时每隔二三米下部设砌排水沟，防止墙顶积雨水。城墙内侧下部设券门，多在敌楼附近；外侧修礌石孔，用于打击攻城敌人。

敌楼是金山岭长城重要组成部分，在20公里长的范围内共修建有100多座，间隔60~200米，其密集程度为其他长城地段所罕见。敌楼一般设在制高点上，又称敌台。高度一般为10余米，分为木、砖结构，多为上下双层，上层供军士休息，下层贮放粮草武器，四周修有瞭望孔和射击孔，可容纳六七十人。较为著名的敌楼有将军楼、仙女楼、望京楼、桃春楼、狐顶楼等，有几座敌楼设计得十分巧妙，两侧无门与城墙相通，只能从墙内侧砖券拱门进出，登上小梯爬进楼里，这是防止攻入城墙的敌军而刻意安排的。

白马关

明长城蓟镇关隘。位于北京密云区境内。据《四镇三关志》载为永乐年建。白马关南为下营，有白马关河由北入关南流，注入白河。关口内外设有两道边墙，今有冯家峪至番字牌公路从白马关通过。关外侧边墙当地称为二道边，现仅公路东存一小段残坍石墙，公路西有较好的砖墙至山崖断处止。此段砖墙的砖已全被拆走。白马关城堡已大部坍毁，仅部分南墙和砖砌券拱南城门尚较好，门额上有石匾阴刻楷书"白马关堡"。白马关东北的长城多以险制塞，断续有石筑城墙，墙体较好，白马关西南亦以险为障，只筑有空心敌楼。

金山岭长城

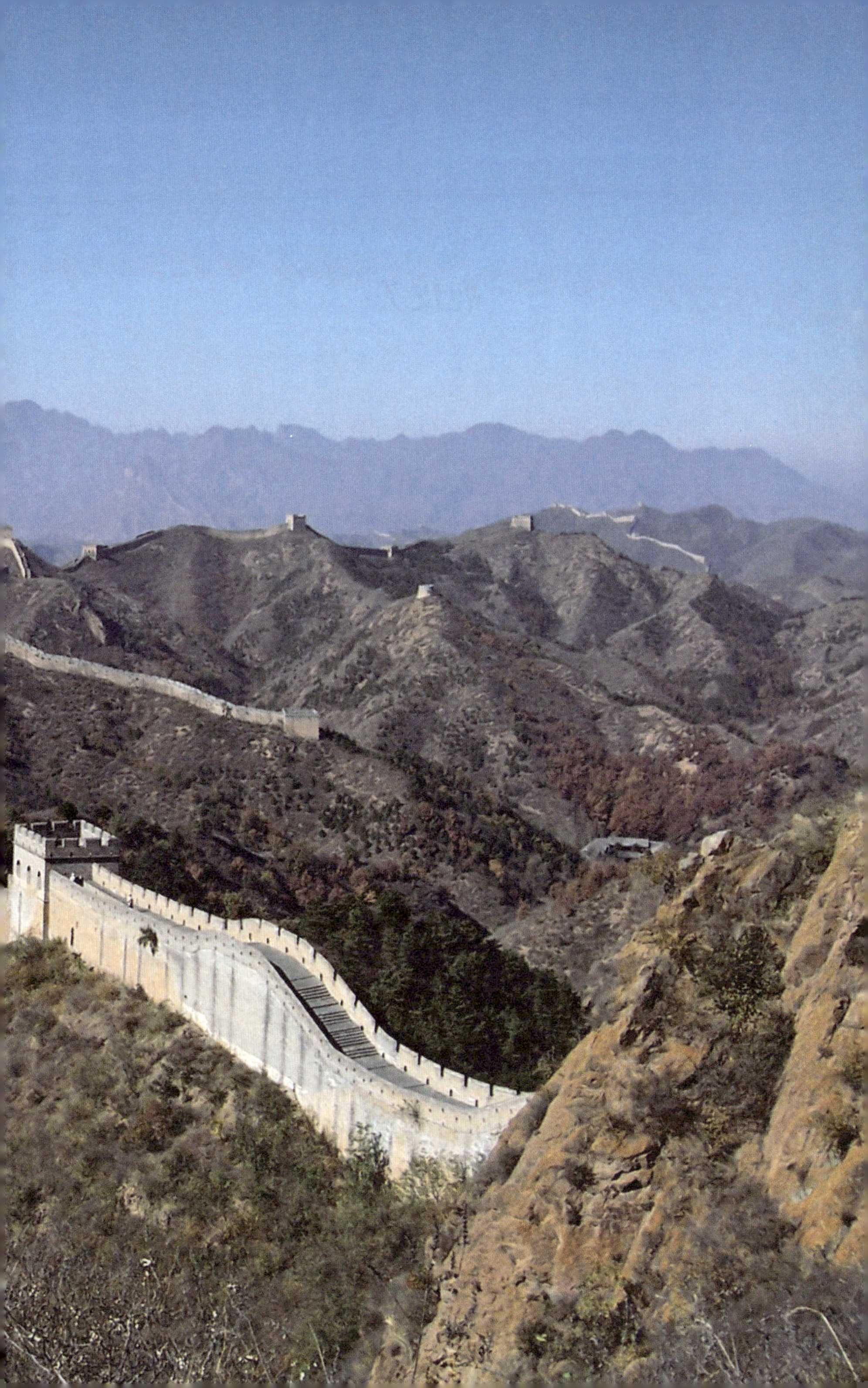

鹿皮关

明代蓟镇长城关隘之一。位于北京密云区城北 20 公里处。该关初建年代不详，明万历年间重修。这一带至白马关之间计有 30 公里，地势异常险峻，山脉蜿蜒陡峭，鹿皮关即建在两山对峙之处。因关隘南面有鹿皮关而得名。现在关口设施已全部毁损，详情无从得知。有白河由口入关，注入密云水库，关口处建有一座跨河大桥。关外约 500 米东山崖壁间刻有两条白线，似插着两把宝剑，今称"二刀盒子"，传说是北宋抗辽名将杨六郎为震慑敌军而将宝剑插在石壁上的写照，现已成为鹿皮关一景。

河防口

明长城蓟镇重要关隘。位于北京怀柔区境内。此关自古为极冲之地，今有丰宁通怀柔的国家主要公路由此经过。据《四镇三关志》载，关为明永乐年间所建。今关口及关城均毁。关口遗址，仅公路西侧存一敌楼的条石基础。

河防口北的长城自海拔 574 米的大高山起，石筑，虽坍塌严

河防口

重,但墙体尚存,靠近河防口处,墙坍成石堆状。由河防口向南多为石砌城墙,除羊鼻山附近坍塌严重,其余地方大部尚存。荞麦山雄峰障蔽,势若屏藩,城墙止于其崖下。

莲花池关

古称亓连口关。当地俗称"缺粮口",并有传说。明长城蓟镇重要关隘。位于北京怀柔区境内。此关明为极冲之地,东起山海关的蓟镇长城止于此,迤西接慕田峪,为昌镇黄花路所辖。据《四镇三关志》载,关为明永乐年间所建。此关原来关门甚好,门外还有两门铁炮,修公路大桥时将关门拆毁,铁炮被当作废铁卖掉。莲花池关北长城多为石筑,虽有自然残圮,但整体墙体尚存。有的地方因山势险陡未筑墙,只建有空心敌楼。莲花池关向西南至慕田峪长城,先为砖砌,后为石砌,均很坚固。

撞道口关

明长城昌镇关隘。也称镇虏营关。位于北京怀柔城西北,东临磨石口,南近黄花城,是明代黄花路的一处重要隘口,隘口在撞道口村的北山上半山峡谷中,关城建于明代,位置在隘口处,极为险峻。据《四镇三关志》记载,关于永乐二年(1404年)建。又《明长城考实》记述:撞道口,"其西至居庸关仅百里,为极冲之地,今关门砖砌券拱门洞尚较好,仍为车马人行通道。门南、北两侧各有一石匾,南侧匾书'撞道口'并题为'钦差守备黄花镇地方以都指挥体统行事指挥佥事刘勋'、'万历五年(1577年)季春吉日鼎建';北侧匾书'镇虏关'。所署年月与南匾相同"。

撞道口

四海冶口

又名北口子。明长城重要关隘。位于北京延庆区境内。关口外可通珍珠泉。关口南5里为四海冶堡。此堡居四山之内，地势孤危，上可通独石口，下连横岭，实为宣府镇东路咽喉要冲。据《明宪宗实录》载：成化二年（1466年）七月，吏部郎中刘文言："四海冶旧设马营哨瞭。一堡东南山上，一小墩名镇南墩，南接腹里。又一小墩，旁有平谷，抵涧浅，略填薪刍，可度人马。上墩一目，只见京畿。今宜相度紧要隘口，修垒高坚，则于御守之备，不为无辅。"《宣化府志》载："弘治十二年（1499年）参将黄镇包甃……嘉靖四十四年（1565年）复砖甃。万历三十二年（1604年）重修，周三里。"今此堡已毁坏无存。四海冶关口处，原有一小瓮城和砖券拱门洞，今亦被毁。口门子往西百余米，地势较为平阔，原为砖砌城墙，今砖已被人为拆光，内部夯土亦坍塌严重。北口子附近长城在山势险峻地段未筑墙，筑墙多为干插边，坍塌十分严重。

八达岭

北京地区的长城制高点——八达岭。山顶海拔1015米。这里是居庸关范围内的北口（居庸关长城四道：北口、上口、居庸关、下口）。八达岭和所在地叫军都山，是去延庆、宣化、张家口、大同、永宁、四海的交通集会点，四通八达，故名八达岭。八达岭城关建于明弘治十八年（1505年），城高7.5米，厚4米，东西两座关相距63.9米，城内面积5000平方米。东门额上有"北门锁钥"四字，西门额为"居庸外镇"，明万历十年（1582年）立。关城入口处有明代大炮，长2.85米，口径105厘米，名叫"神威大将军"，

八达岭东门

八达岭西门

明崇祯十一年（1638年）铸造。关城两侧南北有楼，南部是墙台，高度不太突出。北部是敌台，分上下两层，有垛口、望口设施。

八达岭一段长城平均高7.8米，墙基平均宽6.5米，顶宽5.8米。墙内侧每隔不远有一券门，有石梯与顶部相通。城墙顶部由三四层砖铺成，最上一层方砖，石灰勾缝，十分平整，野草难生。中宽4.5米，外侧一面有垛口，高近2米，中有方孔为望口，下有一洞为射洞，墙面有排水沟、吐水嘴等。内侧是高1米的女墙。无论墙台和敌台，当时都有固定的编制。墙台平时4人守卫，战时10人守卫，分为二伍，每伍一旗，储备1个月口粮。敌台需30人守台，30人守垛，分六伍，备火药300斤，1个月粮草。木梆响，无事，击鼓进兵，鸣金收兵。

八达岭西有岔道城，方圆1.5多平方公里，驻兵788人，是前哨阵地，明嘉靖三十年（1551年）建。八达岭地区形势险要，城关重叠，重兵驻防，固若金汤。

长城布防

明长城由各个军镇营造驻防,沿线防御系统由大到小分为督镇、总镇、路、城堡、台砦。

防御系统

明代万里长城是由各个军镇营造驻防的，长城沿线防御系统，由大到小分为督镇、总镇、路、城堡、台砦。

督镇　一般包括几个总镇。总督一职，概由朝廷命派，或兵部尚书或侍郎出任，并兼都察院都御史头衔，明代长城沿线共设3个督镇：陕西三边总督、宣大山西总督、蓟辽保定总督。

总镇　是明朝长城沿线设立的最基本防御单位，统辖几个或十几个路，军事首脑由朝廷委派和派遣，镇守总兵统领全镇兵马，总掌本防区的战事行动。明朝在长城沿线设13个总镇，东起鸭绿江，西到祁连山，划地守御，各有信地，连缀成绵延万里的军事防线。

路　是总镇下面的一级防御单位，统辖数十个城堡，每路由1名分守参将主持防务，驻本路防地上的某个营城。

城堡　是路下面的防御单位，一般由守备官负责本城堡所在地段长城与台砦的防护。

台砦　是长城线上最基层的防御单位，由把总或操守负责本台所在地段的长城与墩台的防守。

兵力配备

据文献记载，空心敌台"高三丈，纵横如之，骑墙曲突，四面制敌，上建层楼宿兵贮器"。其兵力武器配备如下："每台共五十人，主军十二名，四名管放佛朗机，四名专管装运，二名管放神枪等火器，二名在上层专管梆旗。客兵三十八名，管军器一名，管梆旗并佛朗机，客兵各随时编拨。每防添兵戍守空心敌台，以上临下，用火器更番击打。每台佛朗机八架，约每面二架，随时转用。每架子铳四门，每门铅子三十，铁门剪锤等项具备。又神枪十二杆，每杆神箭三十支、铅子六十枚、小木马六十个，剪匙同此器用尽，以快枪代之。火药三百斤，每二十斤用一坛盛，共十五坛。铁顶棍八根。光大石子每重五十斤上下计四百块，小团石手可抛者四千块。号旗一面，木梆锣鼓各一。用白牌一面将兵火器械等书悬俟查，每军食米盐菜预给一月，水瓮水柜注水满足。"这是空心敌台的情况，而"附墙台"则有"佛朗机三架，俱照空心敌台处置备用"。而"垛"则非常像今日之哨所，"一乘塞沿边，区别是缓急，计垛受兵，冲者一垛二三人，缓者一二人"，"凡墙垛冲处，每垛干柴一束重百斤，干草五把，礌石大小备足，器械各随所执，火器火药于台取用，随人数多寡各居铺舍，有警登台率守"。

其指挥系统大致如下：当时明军建制为每十人为一小旗，每五十人为一总旗，每座空心敌台五十人则是一总旗，"每二台一百总，十台一把总，二十台一千总，空心附墙台一体编派。""凡起止号令俱听千总、把总、百总约束……"

台垛作战情况，古文献曾经做过生动描绘："遇警各照原编台垛人数各司所职。如近百步，援兵登城，旗帜器械一起竖立。约火器力可至者，即放大将军虎蹲炮；至五十步内，火箭、火铳、弩矢齐发；聚拥攻城，两台炮铳矢石交击，更番不息。缓处步贼聚攻台垛不支，则传号以速援兵，各垛兵恃台为壮，火瓶、火铳、矢石并力攻打，预制石炮墙外，临时发药线。每守夜台垛各轮一人，敲梆传筹，遇警以所备柴薪预积墙外，燃火通明，城上不露虚实……"在几百年前的军队武器水平上，有如斯之火力部署和战法，台垛雄峙，"一夫当关，万夫莫开"，可以有效御敌。

总督刘应节总结空心敌台有十大好处："军以台为家，内有薪水菜粮之备，外无风雨霜雪之苦，一也；多储火器给用不绝，二也；贼弓矢不能及，杆不能施，我之炮铳矢石皆可远击，三也；军依于台，身既无恐胆自壮，即若兵可兼而用，四也；偏坡壕堑恃台为固，五也；因台得势，因事至今，节制可施，六也；即有狡贼乘高逾险，出吾不意，而台制高坚，八面如一，彼既不能仰攻，而步贼又不敢深入，七也；相持可久，则援兵可待，八也；贼谋其入，必谋其出，一来可俱阻，归亦可击，九也；即贼攻一台，溃一墙，虏马不能拥入台，兵亦得恃无恐，十也。"此中足见台垛功效之大。

八达岭之防：明嘉靖四十三年（1564年）建八达岭守备公署。"嘉靖年间上关八达岭守把军八十三名，内上关门军三十名，八达岭军五十三名。"在沿边设防方面亦严密完备，明隆庆三年（1569年），蓟昌两镇总督侍郎谭纶，巡抚副都御史刘应节，共同议定如下部署："秉塞沿边，区别重、缓，计垛授兵。极重者一垛四五人，次重者一垛二三人，稍重者垛一人。""空心台客兵共六十人，三十人守台，内立一台长；三十人守垛，分为六伍，每伍内立一垛长；附墙台主客各随所编地方，每台十四人，平常四人守台，遇警外添六人，十人守垛，分为二伍，每伍一旗……"武器方面，"空心台，佛朗机八架，每架子铳九门、神枪十二根，每根神枪箭三十枝，火药三百斤……""墙垛重处，第垛干柴一束，重百斤，干草五把，蔺石大小备足。""每空二旗，每旗五人，各居铺舍，有警登墙率守。每台一百总，五台一把总，十台一千总。空心、附墙一体编派。"上述记载的设防与实际调查基本相符。

蓟镇的文武官职

常驻在蓟镇地方的重要官员分属文官和武职两大系统。

文官系统

总督 冠以兵部侍郎或侍郎兼都察院都御史、副都御史或佥都御史职衔。任务是总督蓟（州）、辽（东）、昌（平）、保（定）

四镇军务,兼督理粮饷。总督府原设在蓟州,明嘉靖三十一年(1552年)起设在密云。

巡抚 冠以都察院副都御史或佥都御史职衔。任务是整饬蓟州等处边备(具体是"防御虏寇、操练军马、修理城池、听理词讼、区划粮储、禁革奸弊、保障军民")兼巡抚顺天府等地方。巡抚都察院设在遵化。

巡按直隶监察御史 都察院常规的外派专员,任务是代天子巡狩。巡按并不因有常驻的总督和巡抚而停遣。

户部粮储分司 分别设在密云、蓟州和永平府,是户部的专事派出机构。密云粮储分司的首长身份为户部主事或郎中,负责督理密云各标兵营和石塘岭、古北口、曹家寨、墙子岭四路粮饷。密云分司下设管粮通判官,公署设在密云,负责官员在河间府列衔。

兵备按察分司 密云、蓟州和永平府各设一分司,是省级司法监察部门提刑按察司的专事派出机构。由于蓟镇地处京师,而京师不设提刑按察司,所以兵备分司官员在山东或山西列衔。密云兵备分司的首长身份为按察使司副使或佥事,有时兼有承宣布政使司的布政使、参政身份。主要任务是监督石塘岭、古北口、曹家寨、墙子岭四路地方的军事、民政及司法事务。

武职系统

蓟镇武职有两大系统,一是因事专派,无固定品级也无定员的总兵系统,二是原地方固有的卫所军备系统。

属于总兵系统的武职官员有:

镇守总兵官 蓟镇总兵原辖区自山海关起到镇边城为止;明

嘉靖三十年（1551年）黄花、居庸、镇边等路从蓟镇分离出去另有归属，蓟镇辖区西至石塘路止。明初总兵往往以有侯、伯封爵的重臣担任，以后以五军都督府的都督、都督同知或都督佥事担任。总兵府最初设在寺子谷，明景泰四年（1453年）起改设于三屯营城。

协守副总兵官 自明隆庆三年（1569年）开始在总兵以下设协守副总兵。初设东西两员，明万历四年（1576年）后设东、中、西三员。西路副总兵公署设在密云石匣营城。此外须提及的，是明中期以后武职冗滥，此风延及边镇，有副总兵职衔的官员可能负较小的责任。

参将 多担任独守一路的主要军事长官，称分守参将。

游击将军 多担任总督、巡抚、总兵直辖的各标兵营及入援蓟镇的客兵营的军事长官。

守备 专司守卫城堡之责。

此外，还有提调、千总、把总等名目。

属卫所军系统的各级官员有：

省级都指挥使司的官员为都指挥使、都指挥同知、都指挥佥事。

都司下属的卫指挥使司官员为指挥使、指挥同知、指挥佥事。卫的属官为，经历司经历。

卫指挥使司下属或由都司直属的千户所的千户、百户等。

蓟州设镇之前，卫所军分属五军都督府等统领，设镇之后，服从督、抚及总兵等官员的统一派遣。

箭扣古长城

长城战事

在古代，长城作为军事上的防御工程，在战争中曾经起过很大的作用。长城关隘，素为长城的锁钥，是兵家必争之地，许多战争都是围绕长城关隘展开的。

昌平地区历史上的战事

东汉建武二年（26年）春，彭宠叛汉。耿况父子平叛于昌平军都城。

东汉建武十五年（39年），匈奴常犯中原，为免受损，将雁门郡、代郡、上谷各郡6万多百姓迁到常山关、居庸关以东。（《后汉书·光武帝纪》）

东汉元初元年（114年），鲜卑人攻居庸关。元初五年（118年）占领上谷各郡，攻居庸关。建光元年（121年）八月，鲜卑人攻居庸关，九月退去。（《后汉书·鲜卑传》）

东汉初平四年（193年），刘虞征讨公孙瓒，兵败北逃居庸关，城陷被俘。（《后汉书本传》）

北魏皇始元年（396年）八月，魏王拓跋珪率军伐燕，出军都，袭幽州，围蓟城，昌平、军都属北魏。

北魏孝昌二年（526年），上谷起义的杜洛周联合安州起义兵，攻占军都关，北魏都督元谭从居庸关败逃。燕州（治所在昌平）刺史崔秉弃城而逃。

唐垂拱三年（687年）二月，突厥首领骨笃禄率军过居庸袭扰昌平，武则天命黑齿常之率军将其打退。

唐景福元年（892年）四月，幽州守将刘仁恭率兵去守蔚州，过期未到，士卒思归，戍卒奉仁恭为帅，反攻幽州，至居庸关，被幽州兵打败，刘仁恭逃奔河东。

唐乾宁元年（894年）二月，河东兵在居庸关打败燕军守将，守将李匡等率部下逃走。

后梁乾化三年（913年）三月，幽州节度使周德威攻打古北口，居庸关守将胡令率众投降。

后梁贞明三年（917年）三月，周德威在居庸关抗拒契丹。

后梁龙德元年（921年），契丹兵攻入居庸关，占领十余城。

辽乾亨元年（979年）六月，宋太宗北征辽国，军队驻扎在幽州城南，辽军屯兵于德胜口。

宋熙宁九年（1076年），蒙古兵入居庸关，抢掠昌平等处。

金天辅六年（1122年）正月，金兵逼近燕山，辽天祚帝弃燕京从居庸关逃走。十二月，金太祖完颜旻率军进入居庸关、德胜口，攻陷燕京。

金大安三年（1211年）九月，蒙古军逼近居庸关。金将完颜福寿弃关逃走。昌平、密云皆归元。

金至宁元年（1213年），金人凭居庸关之险与蒙古军相持，蒙古人取道紫荆口，大败金兵，得涿、易二州，兵临中都城下。

金贞祐二年（1214年）三月，元主屯军燕城北，金主送东海郡侯少女及金帛等，才换得元主退出居庸关。

元天历元年（1328年）九月，上都遣兵进攻大都。梁王王禅破居庸关。燕铁木儿等率兵先后与王禅战于昌平红桥白浮。上都兵败，大都兵追至昌平北，上都兵败从古北口逃走。

元至正二十八年（1368年）七月，明攻元，元顺帝出健德门由居庸关逃往上都。

明洪武二年（1369年）六月，明将常遇春、李文忠派兵出居庸关，追元帝至沙漠。

明建文元年（1399年）七月，燕王朱棣发动"靖难之役"，取居庸关等地。

明正统二年（1437年），也先由白羊城攻入昌平。

明成化十年（1474年）八月，也先率兵攻入德胜口。

明弘治十一年（1498年），和硕从大同起兵攻入居庸关，分别派大将驻守居庸、白羊诸关隘。

明弘治十三年（1500年），火筛从大同起兵攻入居庸关，明派大臣守天寿山。

明正德九年（1514年）八月，蒙古小王子率军攻入昌平白羊口，十一年（1516年）七月，小王子复攻白羊口，明军将其击退。

明嘉靖二十二年（1543年）十月，朵颜率军攻入昌平。

明嘉靖二十七年（1548年）十月，俺答汗攻入，巡按御史王应钟夜赴昌平，见守臣未设防，王怒鞭守军诸军校。

明嘉靖二十九年（1550年）八月，俺答部进攻昌平州东门，明官兵设防，俺答部诈败，明军上当，损失惨重。俺答部抢掠数日，分两路退出昌平。

明隆庆元年（1567年）八月，俺答率兵进攻，昌平总兵刘汉西驻防黄花镇，京营参将陈良佐等守护陵寝，经略边事兵部左侍郎迟凤翔督兵昌平。

明万历四年（1576年）十一月，蒙古土默特速把亥部进攻沙河。

明崇祯二年（1629年）十一月，清兵迫近德胜门，河南巡按范景文率所部移镇昌平。十二月，昌平人孙祖寿变卖家产，招募千名勇士，与清兵在永定门外激战，孙中箭身亡。

明崇祯九年（1636年）七月，清兵由灰岭、贤庄、锥石三口入昌平，昌平城陷。

明崇祯十一年（1638年）冬，清兵再次攻陷昌平。

明崇祯十七年（1644年）三月，昌平兵变，官衙民舍被焚烧。三月十五日，李自成军破居庸关，十六日攻占昌平，十七日驻巩华城，十九日攻占京城，明亡。

清顺治元年（1644年）四月，密云副将张减兵临昌平城下，城内孙繁祉等人响应，五月初进城。五月，清军入北京，居庸关内外等地皆降清。

1926年4月15日，奉军、直鲁军进入北京，国民军退守南口一线。8月1日，吴军、奉军、直鲁军向国民军南口防线发动总攻，14日攻占南口。

1928年，国民革命军第三集团军向京绥线青龙桥的奉军进攻，奉军退到昌平，第三集团军占领南口。

1930年10月22日，东北军第五旅董英斌部从南口等地向张家口进军。

1933年9月至10月，抗日同盟军将领吉鸿昌、方振武率部转战昌平、南口、十三陵等地，十月中旬率部撤出昌平。

1934年1月，原察东头目刘桂堂率部由赤城经延庆过居庸关窜入昌平进行劫掠。

1936年1月，伪冀东新编滦县民团肖再兴部1000余人攻占昌平，2月被二十九军击溃。

1937年8月，日军占领昌平城，并以7万兵力进攻南口，中国6万多名爱国官兵在当地群众支持下，凭天险，顽强抵抗，激战中，毙伤日军1.5万余人。8月16日，中国守军撤离南口，25日退出居庸关，南口抗战结束。

1938年4月6日，宋时轮、邓华支队分兵袭击南口、高崖口，均获胜利。5月13日，八路军晋察冀分区五支队一、二营，分别袭击昌平城及阳坊镇等地，俘虏伪军百余人。

1945年4月，驻昌平、南口日伪军到德胜口等地"讨伐"，八路军十团和地方武装协同作战，歼灭日伪军百余人。

1947年12月，解放军北岳纵队和冀热察部队，将清河至南口段大部铁路炸毁，并攻占古城、小汤山等据点，迫退阳坊、白羊城、八沟之敌，击毁沿线堡垒40余座。

1948年5月16日，解放军晋察冀军区野战军第三、第四纵队和第二纵队第四旅，为配合辽沈战役，经昌平西部向热西进发，在上、下店村与国民党九十二军一四二师两个团展开激战，歼敌3000多人。

1948年12月10日，东北野战军在高崖口地区歼灭国民党第一〇四军，该战是解放战争时期昌平境内最大的一次战斗。12月12日，东野四纵占领清河、沙河、南口、昌平城。

延庆地区历史上的战事

居庸关、八达岭是蓟镇军事重镇，战略地位极为重要，因而历来受到统治者重视，屯兵驻守，层层设防，御敌于长城之外。然而，纵观历史，发生在居庸关至八达岭的大型战役却寥寥无几。据史书记载，进攻者，往往在难以克关时，避开天险，绕道而行。仅就史书记载的有关长城兵事摘录如下：

辽保大二年（1122年），金太祖亲率大军攻辽，分三路攻幽州。西路攻八达岭下，两军对峙时，忽山石崩裂，辽兵被石击死伤多人，不战而溃。金入居庸关，3天后占领幽州。

成吉思汗即位第六年（1211年），蒙古伐金至怀来，金兵败，蒙主乘胜至古北口。金兵守居庸关，蒙屡攻不下，则转道紫荆关，大败金兵，克涿、易二州，反自南口破居庸，后出八达岭与蒙军会合。

明正德十一年（1516年）秋，蒙古鞑靼部由大白羊入八达岭、隆庆、永宁、保安，大肆抢掠，百姓大受残害，总兵潘浩、保安指挥朱寿因寡不敌众战死。

明嘉靖二十七年（1548年），朵颜车部勾引鞑靼部从西边犯岔道口，攻八达岭未克，转攻石佛寺口，青龙桥东。

明嘉靖四十年（1561年），鞑靼西犯岔道，攻八达岭，被关军击败。

明崇祯十七年（1644年）三月，李自成率起义军攻克宣府至岔道口，进攻八达岭、居庸关，但八达岭关城难攻，不得不分兵转道柳沟，继至居庸南，两边夹攻方克。总兵马岱自杀，京师陷。

怀柔地区历史上的战事

慕田峪长城段的历史上有很多重大事件和战事。

相传，三国时期曹操率领大军灭袁术、袁绍，在长城一带扎寨整修，一举灭袁。

《明史纪事本末》载：明初大将徐达，率领大军在亓连口外击败元兵，并擒其平章康同金。

明正德十三年（1518年），明武宗于夏四月与太后亲祭天寿山，后到黄花城、慕田峪、密云等处游猎。

是年，北方少数民族由四海冶北入东山峪，过皂角石南犯大榛峪、驴鞍岭。

明嘉靖二十二年（1543年）十月，少数民族内蒙古朵颜部落骑兵数千，隐屯于亓连口，趁明守兵无备，猛然袭击慕田峪关，城池破，守备陈顺被杀。此时，狼烟烽火报警于渤海所守军总部，总兵王继祖立即率领全部守军救援，慕田峪关失而复得，朵颜部大败。

慕田峪长城正关

  1933年，吉鸿昌、方振武由亓连口、河防口入关，召开群众大会，呼吁人民抗日。

  1938年6月，八路军在沙峪歼灭日本关东军120余人。

  黄花城长城段，常有少数民族进入，《四镇三关志》云：夷部入犯部分有"由永宁南山谎炮儿，又石桥口迤东，台子沟南至二道河分路，东南由韩家川老长城犯黄花镇鹞子峪"的记载。

  民国时期，冯玉祥与张作霖曾在黄花城发生激战。1926年直奉战争，1947年解放战争均在此地发生过战斗。

参考书目

《史记》，中华书局，1982

《后汉书》，中华书局，1965

《晋书》，中华书局，1974

《资治通鉴》，中华书局，2011

《北齐书》，中华书局，1972

《周书》，中华书局，1971

《隋书》，中华书局，1982

《旧唐书》，中华书局，1975

《新唐书》，中华书局，1975

《辽史》，中华书局，1974

《大金国志》，中华书局，1986

《元史》，中华书局，1976

《明实录》，中华书局，2016

《光绪昌平州志》，北京古籍出版社，1989

《西关志》，北京古籍出版社，1990

《清史编年·第一卷)》，中国人民大学出版社，2004

《北京志·世界文化遗产卷·长城志》，北京市地方志编纂委员会，北京出版社，2008

后 记

　　长城是我国重要的地理和文化标识，是中华民族的精神象征，是长城文化带最重要的载体。2017年8月，《北京长城概览》作为《京华通览》丛书"长城文化带"系列的一个分册，正式启动编纂。本书以第一轮《北京志·世界文化遗产卷·长城志》内容为基础，参阅侯仁之先生主编的《北京历史地图集》（1-3卷）以及其他古代文献、典籍编纂而成，力求全方位地表现长城文化的内涵，使更多的人通过了解长城的历史、遗存而熟悉长城文化，从而进一步认识北京，了解北京，热爱北京。

　　在书稿编纂过程中，谭烈飞先生、于虹女士对书稿的框架和资料的选取给出了许多有价值的建议，北京出版社史志编辑部的诸位编辑为保证书稿的质量而加班加点，在此一并表示感谢。

　　特别要感谢的，是长城爱好者吕兆海先生，他提供的不同时期、不同地点的精美长城图片，更直观地展示了长城的雄姿，令全书展示出勃勃生机。

限于资料及编者水平，书中难免有不尽如人意之处，敬请读者批评指正。

编　者

2017 年 12 月